凡圣交参　云林逸韵

走读中国古典园林　曹林娣　丛书主编

狮子林

曹林娣　张婕 ◎ 著

中国电力出版社
CHINA ELECTRIC POWER PRESS

内 容 提 要

　　中国古典园林是承载中华文化的靓丽名片，具有无可替代的历史文化价值。苏州园林更是古典园林的精华，中华文化经典，世界文化瑰宝。狮子林从元代的禅寺演变为 20 世纪 20 年代的富商归隐之地，在苏州诸园中自成一家。600 多年间，狮子林留有僧众参禅悟道的假山群峰、有文人赋诗作画的纪胜诗碑，也有儒商燕居睦族的旧院。林林总总的历史印痕，使其独具魅力。

　　本书以纸上走读园林的形式展开，按文化解读划分景区空间概念，以实地游览路线为导向，串联整座园林，极具参考价值。

图书在版编目（CIP）数据

　　走读中国古典园林. 狮子林 / 曹林娣丛书主编；曹林娣，张婕著. —北京：中国电力出版社，2023.10（2024.1 重印）

　　ISBN 978–7–5198–8149–8

　　Ⅰ . ①走… 　Ⅱ . ①曹…②张… 　Ⅲ . ①古典园林—介绍—苏州 　Ⅳ . ① K928.73

　　中国国家版本馆 CIP 数据核字（2023）第 175549 号

出版发行：中国电力出版社
地　　址：北京市东城区北京站西街 19 号（邮政编码 100005）
网　　址：http://www.cepp.sgcc.com.cn
责任编辑：曹　巍　（010–63412609）
责任校对：黄　蓓　朱丽芳
装帧设计：王红柳
责任印制：杨晓东

印　　刷：北京盛通印刷股份有限公司
版　　次：2023 年 10 月第一版
印　　次：2024 年 1 月北京第二次印刷
开　　本：880 毫米 ×1230 毫米　32 开本
印　　张：5.375
字　　数：150 千字
定　　价：48.00 元

苏唐诗 摄影

苏唐诗 摄影

苏唐诗 摄影

苏唐诗 摄影

苏唐诗 摄影

序章

　　狮子林位于苏州城东北园林路 23 号。狮子林从宋之私家园林变为元之禅寺、明之寺园，清康熙年间寺园分开，花园部分几易其主；清乾隆初花园为川东道黄轩之父黄兴仁所得，至 20 世纪 20 年代为富商归隐之地，形成宅、园、祠堂、族校合一的局面，始成今状（1941—1943 年间曾寺园一体），在苏州诸园中自成一家。600 多年间，狮子林留有僧众参禅悟道的假山、禅窝，有文人赋诗作画的纪胜集、书条石，有清帝沉迷流连的足迹、诗碑，也有儒商燕居睦族的旧院。林林总总、重重叠叠的历史印痕，使其独具魅力，成为苏州最难读懂的名园。

释师
名子
林

据《吴门表隐》记载，园址原为宋章琼别业，章琼至今尚无考，或为章（糸京）之误。据《中吴纪闻》卷五《章户部》记载，章綮（jié）徽宗初年曾任执政，二子，一名章绎（zài），另一名章综（jīng）。沧浪亭章氏家族与龚明之家族俱有其半。章氏"为六阁，又为堂山上。堂北跨水，有名洞山者，章氏并得之。既除地，发其下皆嵌空大石，人以为广陵王时所藏，益以增累其隙，两山相对，遂为一时雄观"。别业内"林木翳密，盛夏如秋，虽处繁会，不异林壑"，应属文人园林。旧园繁茂的林木中又多形似狻猊（suān ní）的太湖石峰，这些石峰从何而来？著名史学家顾颉刚说："前吴瞿（qú）庵先生语余，'狮子林为朱勔（miǎn）运来之石，未及送汴而徽、钦北去，乃留苏州，及宋亡而寺僧筑园。'此语未见于记载，或吴先生臆测，然甚有此可能，惟南宋时已有贵人取以筑园，寺僧特加以整治耳。"（顾颉刚《苏州史志笔记》）

元至正一年（1341），高僧天如禅师惟则来到苏州讲经，见此地"古树丛篁如山中，幽辟可爱"，天如禅师的弟子们遂"相率出资，买地结屋，以居其师"。

今坐西朝东的大门额写着"师子林"三个大字，我们先从解读这一园名开始。

师子林

"师子林"属于禅宗临济宗。

原始佛教断定人生为"苦","生"是苦的开端,"生"借"性"得以连续,靠"食"维持生命。求"解脱"就要摆脱"食色"这些人的本性。只有"不生"即"无生",方能"解脱",所以佛教最高理想是"涅槃",即死的同义词。所以,南北朝的道教徒攻击佛教是"学死"之术。中国佛教自命为"大乘(chéng,运载,动词;旧读 shèng,名词,四马之车为乘)",佛教中用马车来比喻度众生的工具,大乘,是大的车乘之意。谓诸大菩萨将无量无边的众生从生、老、病、死的苦难中度化到西方极乐世界,故名"大乘"。大乘佛教大规模地改变了原始教义,将原始教义斥之为"小乘"。即小的、低等的车乘或行程之意,有贬抑之意。中国佛教将以个人修习为中心的"戒、定、慧"扩充为广泛布施的"菩萨行",佛教教义从"为己"向"为他"转化。将佛教世俗化、社会化。

禅宗是中国佛教宗派之一,教外别传宗之略称,以修禅定为主。南朝宋末菩提达摩由天竺(印度)来华创立,至五祖弘忍门下,分成北方神秀的"渐悟说"和南方慧能的"顿悟说"两宗,时称"南能北秀""南顿北渐",是指惠能与神秀分别在南北两地传法的殊异禅风,是在开导发悟上的迟疾之别。

北宗神秀主张:"身是菩提树,心如明镜台,时时勤拂拭,莫使惹尘埃。"每个人内心都可能有清净的佛性,并且像明镜那样清澈,但是也和明镜一样难以避免外界的灰尘。人心就像大海平静时没有波澜,但是也经不起风来吹,风会起浪,就像明镜经受不住灰尘会被弄脏,这没法避免,所以需要经常擦拭,让它永远保持干净,使心灵处于一种干净自由淡泊的空灵状态。

南宗惠能则曰:"菩提本无树,明镜亦非台,本来无一物,何处惹尘埃?"人心就是佛性,本来就是清净和干净的,灰尘不过是虚幻而已,只有心中产生误解,才会把灰尘当作真的。不滞教门之文字语言,直接洞见心地了悟禅意,强调"以无念为宗"和"即心是佛""见性成佛"，"衣以表信，法乃印心"，法衣作为信物，代代相传；法是以心传心，令人自悟，达到"佛"的最高境界，这个"佛"，不是释迦牟尼，而只存在于自己的精神世界。

此后，北宗逐渐衰微，南宗盛行，成为禅宗正系。唐后期几乎取代其他宗派，禅学成为佛学的代名词，影响及于宋明理学。

怀海师事惠能高足怀让的弟子马祖道一，研习禅宗，后居新吴（今江西奉新）百丈山，弘扬马祖之说，使马祖一派大振，形成"洪州宗"，世称其为"百丈禅师"。他鉴于惠能南宗推倒一切戒律的提法，创建禅院，使禅宗、律宗僧徒在生活规则上有所区别，立《禅门规式》，世称《百丈清规》，其中有禅寺只立法堂，不设佛殿，以示佛祖传授，以当代为尊的内容。禅宗是高度思辨化的佛教派别。门派众多，但南宋以来，只有临济、曹洞二宗盛行，且流传到日本。

禅门临济一宗，肇起于中唐，历五代十国到金宋。元代时，北方是以汉僧海云印简为代表的临济宗正宗，以儒家之教辅佐治国，殿宇雄丽，金碧辉映。南方临济宗则分功利禅和山林禅两类：功利禅型是积极靠拢朝廷，凭借政治权势，带动禅宗发展的派别。山林禅则与此相反，皆采取隐修的方式。

天如禅师惟则是南方临济山林宗祖师高峰原妙弟子中峰明本（普应国师）的弟子。

高峰原妙（1238—1295）是山林禅最有影响的早期代表之一。他注重个人隐修，生活简朴，"缚柴为翁，风穿日炙，冬夏一衲，不扇不炉，日捣松和糜，延息而已"。1279年，转到杭州天目山西师子岩，那里有岩雄踞，岩首轩然昂起，如狮昂首，耳目俱全，中有凹处，仿佛狮口，亦称狮子口。狮子口下，有千丈岩，前临深崖，俯视深谷，惊心动魄。原妙在狮子口营造小室以居，号为"死关"，坐禅于此，足不出门十余年，以示其坐断万缘之志。高峰临终书偈："来（生）不入死关，去（死）不出死关。铁蛇钻入海，撞倒须弥山。"坐化于此。始终保持"遗世孑立"的隐修方式。其弟子中峰明本曰："先师枯槁身心于岩穴之下，毕世不改其操。人或高之，必蹙頞（è，鼻梁）以告之曰：'此吾定分，使拘此行，欲矫世逆俗，则罪何可逃'。"（《天目中峰和尚广录》卷24，《禅宗全书》卷48）

五十六世中峰明本禅师

天如禅师惟则之师中峰明本，也"倡道天目山之狮子岩"，被誉为"江南古佛"，"志在草衣垢面，习头陀行"。

天如禅师惟则是元末著名禅僧，来苏州之前，曾在浙江天目山的狮子岩修行二十余年。

为什么原妙和中峰明本都要在狮子岩下坐禅，天如禅师也要在狮子岩修行？原来，"狮子"与佛教关系太密切了！

五十七世天如惟则禅师

狮子生于非洲和亚洲的西部，它的吼声很大，有"兽王"之称。《景德传灯录》："释迦佛生时，一手指天，一手指地，作狮子吼云，天上地下，唯我独尊。"

佛教中比喻佛说法时震慑一切外道邪说的神威叫"狮子吼"。《维摩经·佛国品》："演法无畏，犹狮子吼。其所讲说，乃如雷震。"《狮子吼小经》："世尊说言，诸比丘，汝等应做狮子吼。"《大智度论》："又如狮子，四足是独步无畏，能伏一切。佛亦如是，于九十六种道中，一切降伏无畏，故名人中狮子。"所以将佛说法

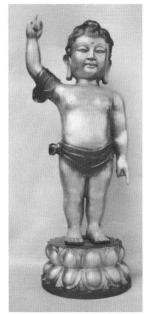

天目山狮子峰　　　　　　　　　　太子佛

称为狮子吼。《大智度论》："佛为人中狮子，佛所坐处若床，皆名狮子座。"《释氏要览》引《治禅经后序》："天竺大乘沙门佛陀那天才特技，诸国独步，内外综博，无籍不练，世人咸曰人中狮子。"

　　狮子成为佛教中的护法神兽和释迦牟尼左肋侍文殊菩萨乘坐的神兽。九九重阳举行的法会称为狮子会。

　　狮子林之名与天目山狮子岩的关系，突出了天如惟则与原妙、中峰明本的衣钵师承关系。天如惟则也恪守传统，隐遁于山林丛莽之中，从青山绿水中体察禅味，"以识其授受之源也"。此地的环境氛围也恰恰与佛教相关："林有竹万千，竹下多怪石，有状如狻猊者"。禅宗认为人人皆有佛性，法身无象，本是虚空，借翠竹以成形，"青青翠竹，尽是法身；郁郁黄花，无非般若（智慧）"，而有大片茂密竹林的竹林精舍又是佛教史上第一座供佛教徒专用的建筑物，是佛祖宣扬佛法的重要场所之一。此地万本翠竹，与佛陀弘法氛围相类似。

"状如狻猊"的"狻猊"是"狮子"吗？大型猛兽狮子，历史上主要生活在非洲，在亚洲则主要分布在印度、伊朗等地，中国古代没有狮子，公元87年第一头狮子才由大月氏（yuè zhī）献到中国。所以，中国汉字中并没有"狮"字。

"狻猊"最早见于《穆天子传》和《尔雅》。《穆天子传》又名《周穆王游行记》，是西晋咸宁五年（279）在今汲县西战国墓中发现的竹书之一，约成书于战国时期。《尔雅》见录于《汉书·艺文志》，为中国辞书之祖。汉代刘熙《释名》解释书名云："尔，昵也；昵，近也。雅，义也；义，正也。五方之言不同，皆以近正为主也。"可见《尔雅》是指解释词义近于雅正，合于规范。学术界一般认为它并非一人一时之作，大约是在战国时期，由众多学者采集训诂材料整理汇编而成，汉代又作了增补。两书成书时间孰早孰晚说法不一。但两书作者都没有见过狮子，也没有对狻猊的形象做详细地描述。将"狻猊"解释为"师子"的是东晋郭璞。《穆天子传》曰："名兽使足走千里，狻猊、野马走五百里。"东晋郭璞注曰："狻猊，师子。亦食虎豹。"《尔雅·释兽》曰："狻猊（suān ní），如虦（zhàn）猫（浅毛虎），食虎豹。"郭璞注曰："即师子也，出西域。汉顺帝时疏勒王来献犎牛及师子。"不知何据，或亦系推测之辞。唐颜师古注释《后汉书》"师子"曰："师子，即《尔雅》所谓狻猊也。"应该是沿袭郭璞旧说。

"狮子"在早期的文献中都写作"师子"，如东汉班固《汉书·西域传》《后汉书·章帝记》《后汉书·和帝记》《后汉书·班超传》等。为什么呢？东汉时期，佛教初传中国，译者带着对佛教经典的敬畏之情，将南亚次大陆语言经过西域传入时不太准确的简略音译写作"师子"。直到梁武帝大同九年（543），太学博士顾野王编撰的《玉篇》"犬"部中才出现了"狮"字。但元代文人题咏中都依然写"师子"，以示尊重。直到清初笃信佛教的康熙南巡亲临狮子林赐额，还写成"师林寺"。

惟则名此寺为狮子林，除了表示师承渊源外，还别有深意，他明确表示，不是借狮子"摄伏群邪"，更不是一般所说的石形如狮，他说"石形偶似"而已。惟则认为世间人情比水还要凶险："人言水性险丘凶，不知水与人情同。情涛识浪怒

元徐贲绘《狮子峰》

且愤，不在江潮在方寸。水险尚可避，人险终难知。人争额额罔昼夜，水争尚有潮平时。"（惟则《吴松江观闸》）因而要借形似狮子的假山石峰，表达面对"世道纷嚣"，其禅意可以"破诸妄，平淡可以消诸欲"；以"无声无形"托诸"狻猊"以警世人。（元朱德润《师子林图序》）

"林"则为"丛林"之约称，唐僧怀海（720—814）始称"寺院"为"丛林"。"丛林"之意，旧说是取喻草木之不乱生乱长，表示其中有规矩法度云（《禅林宝训音义》），一说众僧共住"如大树丛聚，是名为林"。（《大智度论》）"狮子林"就是禅宗寺院之意。"禅"是梵语"禅那"的简写，意即静虑。静坐沉思，称为"坐禅"或"禅定""定慧"。"定"，即摒除杂念，把持心性，这是印度佛教的修持方法；中国佛教注重"慧"之一法。

元狮子林呈现的是禅宗境界：

→ 燕居之室曰"卧云"，传法之堂曰"立雪"……今有"指柏"之轩、"问梅"之阁，盖取马祖、赵州机缘以示其采学。曰"冰壶"之井、"玉鉴"之池，则以水喻其法云。

师子峰后结茅为方丈，扁其楣曰"禅窝"，下设禅座，上安七佛像，间列八镜，镜像互摄，以显凡圣交参，使观者有所警悟也（元危素《师子林记》）。

下图为明洪武年间徐贲画中的禅窝，地方狭小，禅僧却觉得，"结茆（máo）葺（qì）床趺（fū），风雨不可坏。谁言寻丈宽，能容大千界"！

明徐贲画中的禅窝

右图为留存至今的"禅窝"遗址：

禅僧以参禅、斗机锋为得道法门，"心外无佛"，所以，元时狮子林不设佛殿，唯树法堂。

狮子林以土丘竹林、石峰林立为主要特色，并无山洞，建筑物也很少，"室不满二十楹，而挺然修竹则几数万个"。过着自食其力、绳床瓦灶式的简

禅窝遗址

朴生活："半簷（yán）落日晒寒衣，一钵香羹野蕨肥""水西原上种松归""道人肩水灌蛙蔬，托钵船归粟有余；饱饭禅和无一事，绕池分食潨（cháo）游鱼""汲泉自试雨前茶"。惟则有句云："鸟啼花落屋东西，柏子烟青芋火红；人道我居城市里，我疑身在万山中"，体悟到自然与生命的庄严法则……

　　天如禅师谢世以后，弟子散去，寺园逐渐荒芜。至正十二年（1352），改菩提正宗寺。那时的狮子林"其规制特小，而号为幽胜，清池流其前，崇丘峙其后，怪石膏幸而罗立，美竹阴森而交翳，闲轩净室，可息可游，至者皆栖迟忘归，如在岩谷，不知去尘境之密迩也……清泉白石，悉解谈禅，细语粗言，皆堪人悟"（明高启《狮子林十二咏·序》）。

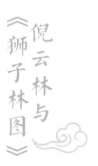

倪云林与《狮子林图》

　　明姚广孝《题云林墨竹诗卷》："倪瓒，字元镇，号云林，常之锡山人也。性迂疏而雅洁，酷嗜诗画，居处事物一务清致，绰然有宋米南宫之风。名动湖海间，人莫不畏而爱之。至正甲午，避乱寓于笠泽，扁舟往来，时入城府，多托宿于仙佛之庐。"

　　云林年轻时生活优裕，筑清閟（bì）阁，阁中藏书数千卷，皆手自勘定。古鼎法书，名琴奇画，陈列左右。有钟繇（yáo）《荐季直表》、王献之《洛神赋十三行》、褚遂良《楷书千字文》、张僧繇《星宿图》、吴道子《释迦降生图》、王维《雪蕉图》、荆浩《秋山图》、董源《潇湘图》、李公麟《三清图》、米芾《海岳庵图》等人的大量名画法书。四时卉木，紫绕其外，高木修篁，蔚然深秀，故自号云林居士。时与客觞咏其中。为人有洁癖，盥濯不离手。俗客造庐，比去，必洗涤其处。过着"讽咏紫露篇，驰情华阳馆。晴岚拂书幌，飞花浮茗碗"（倪瓒《春日云林斋居》）的生活。

　　元末天下动荡，"至正初，兵未动，鬻（yù，卖）其家田产"，扁舟箬笠，往来震泽、三柳间，寄情山水，人称"倪迂"。

　　倪云林擅长山水，多以水墨为之，初宗董源，后参荆浩、关全法、创用"折带皴"写山石，以表现体态顽劣之石，亦即江南黄石的景象。树木则兼师李成，好作疏林坡岸、浅水遥岑之景，以简取胜，意境幽淡萧瑟。自谓所画者"不过逸笔草草，不求形似，聊以

倪云林像

自娱耳"，绘画艺术在审美上被誉为逸格的顶峰，其傲骨风姿为元代士大夫文人的代表，与黄公望、吴镇、王蒙合称"元四家"。

清王原祁说："云林纤尘不染，平易中有矜贵，简略中有精彩，又在章法笔法之外，为四家第一逸品。"很多汉人把倪瓒当做精神偶像，明代中期"云林戏墨，江东之家以有无为清浊"，富贵人家以有云林画作为炫耀资本。

狮子林主持如海方丈乃"以高昌宦族，弃膏粱而就空寂"（高启《狮子林十二咏·序》）者，他仰慕高士之名，洪武六年（1373），请为狮子林作图，云林亦爱其萧爽，乃为狮子林绘图，并作五言诗："密竹鸟啼邃，清池云影闲。茗雪炉烟袅，松雨石苔斑。心情境恒寂，何必居在山。穷途有行旅，日暮不知还。"倪在自题狮子林跋文中说："余与赵君善长以意商榷作师子林图，真得荆、关遗意，非师蒙辈所能梦见也。"

倪瓒与狮子林的遇合是一种精神上的遇合。时狮子林淡静幽旷，与倪云林枯寒清远的画风相似。今所见皇家宫藏版倪云林《狮子林图》，因图中有人物、落款时间等问题，学术界大多认为系临摹，属于"倪款"狮子林图。但整体布局朴素至极，园景概括，笔简气壮，景少而意长。翠竹、秋山、寒林、寺居，气势雄伟苍凉，显示了独特风貌，云林逸韵尚存。倪款《狮子林全景图》现为柯罗版。

云林画狮子林图卷时，惟则、中峰禅师都已经去世，寺院已

倪云林（款）《狮子林图》

显冷落，寺院因倪云林绘画品题而名声大噪，成为文人雅集、觞咏之地。后人遂把狮子林和倪云林连在一起，乾隆题诗称"倪氏狮林存茂苑"。

元末明初著名画家朱德润、徐贲、杜琼也分别为狮子林作画。第一个画狮子林图的是元代名画家朱德润。《吴都文粹续集·卷三十》载有他写的《狮子林·图序》：

> → 泰定中，仆自京师还吴中，适侍御史岳石木公、郡守多通公会于城南，询仆以归来意，仆告之以归林泉，以遂息肩意。二公曰："子有退休志，盍求侣乎？近城东偏，有天如则师者，旧游松江九峰间，振锡来吴，结屋树竹，号师子林。其为学也，真实谨密，平淡无为，子盍与之言也？"仆于是谒师。师喜曰："先生来何晚耶？相闻旧矣。"遂款净室蒲团茶具，接引清话。薄扣其旨，则问辨明敏，了无滞碍，余益信岳、通二公之言为然……

徐贲洪武年间画的《师子林图》和倪云林的《狮子林全景图》不同的是，徐贲分别画了园中的十二景点：师子峰、含晖峰、吐月峰、小飞虹、禅窝、竹谷、立雪堂、卧云室、指柏轩、问梅阁、冰壶井、玉鉴池。反映了元末明初的师子林风貌。其中许多景名延续至今。

明清狮子林的历史变迁

明嘉靖年间寺僧散去，"昔所称含晖、吐月、立玉、昂霄、栖凤亭、小飞虹、指柏、问梅诸境，一切沦没于荒烟野草残霞落照间""所存者仅颓垣败屋，朽木枯池"，后又被豪家占为市廛（chán）。

明万历十七年（1589），明性和尚托钵化缘于长安，在长洲知县帮助下，创建山门、大殿和经阁，成为前寺庙后花园两部分。一度废为民居，顺治五年（1648）又重建，胜于旧观。

清乾隆初年花园为衡州知府黄兴仁买下，取陶渊明"园日涉以成趣"意名"涉园"。清乾隆三十六年（1771），黄兴仁之子黄轩高中状元，遂精修府第，重整庭院，园内有合抱松树五株，取名"五松园"，并以乾隆御笔"真趣"匾额新增"真趣亭"一景。据乾隆三十六年《南巡盛典图》，寺园以墙分隔，园范围约相当于今日园中部山池一带，池西紧靠界墙。

清初沈德潜《恭和御制狮子林元韵》诗有"洞穴地底通，游者迷彼此""乍高忽下下复高，已伏潜升升又伏。……如蚁穿珠通九曲"；曹凯诗"冈峦互经亘，中有八洞天。嵌空势参差，洞洞相回旋"。时园中假山山洞已经初步形成。清钱泳作《狮林竹枝词》："兰雪堂前青草蕃，蒋家三径亦荒园（指拙政园），寻春闻说狮林好，借问谁家黄状元。"狮子林园静山奇，门庭高耀至全盛时期。

清乾隆《南巡盛典》中的狮子林园

　　期间，乾隆皇帝曾六游狮子林，赐匾"镜智圆照""画禅寺""真趣"三块、十首"御制诗"。乾隆皇帝称："元四大家，独云林格韵尤超，世称逸品。"乾隆是倪云林超级粉丝，临摹了倪云林《狮子林全景图》三幅。

　　在明末清初有数百幅倪云林画作在京师及江南地区流传，但真伪混杂、假画充斥，甚至"家家有云林，真者百无一"。

　　清乾隆三十年（1765），乾隆第四次南巡时，特意携带倪瓒图往游狮子林，为了"梦寐游"，决定以这幅倪款狮子林画的意境作为仿画和仿建狮子林的精神范本。1771年，在圆明园长春园东北角仿建狮子林，由苏州织造署奉旨将狮子林实景按五分一尺烫样制图送就御览，建成后景点匾额均由苏州织造制作，送京悬挂。这座仿建的狮子林是摹建的"倪瓒别业"，所以，园内还增建了以倪瓒别号命名的"云林石室"及倪瓒收藏书画的清闷阁。亭台楼阁和桥廊河池都由北方"燕工营位置"，而园内众多的假山叠石则由"肖堆塑"的吴工完成。既有皇家园林的气魄，又不乏苏州园林的灵秀。

圆明园狮子林绘画

　　1774 年，承德避暑山庄内狮子林建成，东部是以假山为主的狮子林，西部是以水池为主的文园，合称"文园狮子林"，乾隆对此园非常喜欢，称之"欲傲金阊未有此"。从而形成京师、塞北和江南三座狮子林鼎足而立的局面，极一时之盛。

文园狮子林雪景（王舜 摄影）

清郭嵩焘（tāo）咸丰六年丙辰（1856）游狮子林时所见：

→ 石林二座，一置平地，一置水中，丁未（道光二十七年，1847）冬游此，两山皆完善，今水林倾塌过半矣；陆林犹如旧。叠石成围，中构一亭。石林中分上下两层，盘旋曲折，忽深入洞底，忽高跻林杪，或开一门，或架一桥，无不入妙。每至隘处，常别通一径，以便行者之相避，四路出入，不相妨也。然每入一游，必曲折穷林之境而后出，不能中止。四隅高处，各置一亭，而恰不板滞。立石或尖或圆，或巨或细，皆布列有致。俗传"七十二峰""二十四桥"，虽未能如许之多，而方广逾亩，随意转变，实一奇也。水亭惟存右隅一亭。而中亭诗碑，为纯庙（乾隆）庚午（1750）初游之作（清《郭嵩焘日记》第1卷，湖南人民出版社）。

时隔九年，水假山已倾塌过半。至清光绪中叶黄氏家道衰败，叠石亭台坍塌，园已倾圮，惟假山依旧。黄氏家族拥有狮子林长达170年之久，在苏州园林史上也属罕见。

御竹楼

御碑亭

藏经阁

大殿

狮林寺山门

咸丰丙辰冬徐绍乾题狮子林图

贝氏狮子林

1918 年，园归上海颜料巨商贝仁元，作为归老故乡苏州之所。贝仁元《重修狮子林记》"仁元世居茂苑，侨寓淞滨，非无鲈鲙之思，林壑怡情，敢效菟裘之筑，吾将老焉。""菟裘"，出《左传·隐公十一年》："羽父请杀桓公，以求大宰。公曰：'为其少故也，吾将授之矣。'使营菟裘，吾将老焉。"后因以称告老退隐的居处。

贝仁元

贝氏用了将近七年的时间整修：花园以水池为中心，峰石依旧，水池东南叠石为山，水池西岸垒土成丘；建筑多分布于东、北两面，园周环以长廊，贯通四周，廊墙嵌置"听雨楼藏帖""乾隆御碑""文天祥诗碑"等碑刻 71 块。并以东部为家祠。表现为典型的建筑围绕山池的通式，占地约 15 亩。

2000 年，狮子林被联合国教科文组织列入世界文化遗产名录，照壁前立有世界文化遗产纪念碑。

今狮子林平面图

世界文化遗产的标志呈圆形，既象征全世界，也象征着要进行保护世界遗产公约的标志：中央的正方形是人类创造的形状，代表人类技能和创造力的造物，圆圈代表大自然的赋予，两者密切相连。象征着文化遗产与自然遗产之间相互依存的关系。圆圈外围分别是英文、法文、西班牙文的"世界遗产"字样。

世界文化遗产纪念碑

贝氏家祠

走进狮子林坐西朝东的大门，便进入了贝氏家族宗祠的前庭园，庭园西侧走进"读书便佳"门便为族校，现在是狮子林管理处办公楼。

贝氏家祠共有三进，从门厅前照墙到祠堂呈中轴对称分布。

族校门

族校

位于门厅最南的是大照壁，平面呈梯形。照壁，古人称之为："萧墙"。萧，通"肃"，古代宫室内作为屏障的矮墙。《论语·季氏》："吾恐季孙之忧，不在颛（zhuān）臾，而在萧墙之内也。"何晏集郑玄曰："萧之言肃也；墙谓屏也。君臣相见之礼，至屏而加肃敬焉，是以谓之萧墙。""萧墙"是鲁君所用的屏风，人臣至此屏风便会肃然起敬，所以叫做"萧墙"。"祸起萧墙"的原义是祸乱产生于家中，同室操戈，灾祸、变乱皆由内部原因所致。

祠堂照壁

为什么要筑照壁呢？有两种说法：一是人们认为自己宅中不断有鬼来访，修上一堵墙，以断鬼的来路。因为小鬼只走直线，不会转弯。二是为防风聚气、避免气冲。风水讲究导气，气不能直冲厅堂或卧室，否则不吉。便在房屋大门前面置一堵墙。为了保持"气畅"，这堵墙不能封闭，故形成照壁这种特殊的建筑形式。前说带一定的环境心理，后说则具有一定的环境科学。

该照壁正脊两端有龙首形之饰物，称哺龙脊，这类脊饰多用在庙宇、祠堂，一般民居采用纹头脊、雌毛脊、甘蔗脊、游脊等。各有双戗起翘。照壁中间两侧与高 6.1 米的围墙相连。照壁须弥座石雕上刻有暗八仙和金鱼水草（象征金玉满堂）等图案。

金玉满堂

照壁前四株高大挺拔的银杏树东西一字排开。银杏是世界十大最古老树种之一，起源和恐龙一个时代，有"活化石"之美誉。银杏树是为远古类生物幸存者，被称为植物界的活化石，因寿命绵长，生命力旺盛，银杏常被视为一种神树，有"植物界的大熊猫"之称。银杏是一种阔叶落叶乔木，树形优美，高大挺拔，适应能力强，生命力旺盛。"爷爷种树，孙子得果"，所以又被称为"公孙树"。因其雌雄异株，生长时间长了就会形成一个体系，在我国古代的祠堂周围，人们常会选择种植银杏，象征家族人丁兴旺、多子多福、家里老人健康长寿。

"叶染风霜显金黄，身经雪雨吐清香"。形姿也很美。特别是银杏叶形为扇形对称，呈心形，一柄两叶，有着阴阳合生，生死与共的意思，象征着相爱的人连在一起，它代表着永恒的爱情，为爱守护一生。

银杏叶

银杏果可以食用，可炖可炒，可咸可甜，是一种传统美食，果实亦是一味名贵的中药，有降低胆固醇、降血压、降血脂、降糖、抗衰老、防治心血管疾病、养肝护肝、抑菌杀菌、提高免疫力等多重功效。

但银杏又称白果，种仁的绿色胚芽中含有微量的氢氰酸，生食或者食用过量会引发中毒，每日不宜超过 6 克。银杏叶中也含有银杏酸，这种物质有微毒，不可泡水喝。银杏树太茂盛又不注重修剪，就容易招来阴气。(《本草纲目》果部第三十卷果之二银杏核仁)：

→ 时珍曰：熟食，小苦微甘，性温有小毒。多食令人胪胀。瑞曰：多食壅（yōng）气动风。小儿食多昏霍，发惊引疳。……然食多则收令太过，令人气壅胪胀昏顿。故《物类相感志》言：银杏能醉人。而《三元延寿书》言：白果食满千个者死。又云：昔有饥者，同以白果代饭食饱，次日皆死也。

故民间以为银杏煞气重，一般人家镇不住，需借助神力才能镇得住煞气，因此，多植于寺庙、道观及祠堂。

祠堂大门前对植两棵盘槐，虽然建贝氏祠堂时清廷已经推翻，但槐树崇拜依然存在。中华汉字具有形声义三美，在皇朝推翻以前，因"槐者，怀也"，槐、怀谐音，象征高官家居依然胸怀国君、百姓，衍为高官宅第的标志。槐字为形声字，其形由"木"与"鬼"组成，古人相信"鬼伏木为槐"，槐树之上必定伏有鬼神。所以，赋予槐树以拒鬼、辨别善恶等超自然的功能。电影天仙配中，槐树公公说媒，撮合了卖身葬父的孝子董永和七仙女的姻缘。又"槐""魁"谐音，苦读可夺魁，成为学校劝学标配；槐、归同音，亦为故乡的象征等。总之，人们认为槐树是"吉祥、祥瑞、坚毅"的象征。

门厅前盘槐

门家
厅祠

　　《论语·学而》:"曾子曰:'慎终追远,民德归厚矣'。"曾子说:"谨慎地对待父母的去世,追念久远的祖先,自然会培育出忠厚老实的百姓。"要培养好儿孙,须从尊祖敬德做起。古人认为,祖先的灵魂经过祭祀仪式后可以附于神主牌位之上。

　　上古时代,就有祭祀祖先的场所宗庙,但为天子或诸侯的专利,夏称"世室"、殷商称为"重屋"、周称"明堂",秦汉时起称为"太庙"。士大夫不能建宗庙。

　　"祠堂"这个名称最早出现于汉代,当时祠堂均建于墓所,曰墓祠;南宋朱熹《家礼》立祠堂之制,从此称家庙为祠堂。朱熹在《家礼》中规定:"君子将营宫室,先立祠堂于正寝之东。"而且,"或有水盗,则先救祠堂,迁神主遗书,次及祭品,后及家财"。在朱熹时期,祠堂被视为高于一切,为家族命运之所系,具有神圣不可侵犯的地位,是传统中国人心中血缘崇拜的圣殿。每个家族建立一个奉祀高、曾、祖、祢四世神主的祠堂四龛。用来祭拜祖先和表达对家族传统、文化的敬意,成为家族团结和传统文化的象征。

　　祠堂建筑一般都比民宅规模大、质量好,越有权势和财势的家族,他们的祠堂往往越讲究,规模大、质量好、雕饰精致。

　　今贝家祠堂大门两侧筑八字照墙,与庭园南八字照壁对应,藏风聚气。照墙须弥座石雕缠枝花卉图案。硬山顶,两端置鱼龙吻脊。龙为"主水之神",能兴云作雨祈丰收,遂成为百姓心中神圣、吉祥、喜庆之神,受到以农立国的中华先民敬畏和尊崇。中国古代传统建筑多为木结构，而木结构建筑怕火，主水的龙自然成为建筑的保护神，成为降火灾的象征物，鱼龙吻脊品位仅低于最高级别的龙吻脊。

建筑物台基的高度关联到台阶踏跺的级数，即"阶级"的多少，"阶级"一词后衍生为表明人们阶级身份的专用名词，可见台基是标示建筑等级的。踏跺的级数是分阴阳的。《易经》将世间万物都分阴阳，所有的单数被称为阳数，称阳爻；二、四、六、八这些偶数则被称为阴数，为阴爻。墓祠和碑前的台阶为双数的，一是表明这是阴宅，二是表现出活人对他们的尊重，希望他们在另一个世界里能够生活愉快，不再被前世的纷乱打扰。但庙宇大雄宝殿及宗祠台阶大多用阳数。今祠堂门厅和前厅台阶都是四，为阴爻。也许是有些匠人对计算台阶基础的认知不同所导致。

祠堂大门用高规格的将军门，门限高达94厘米，完全没有了等级羁绊，透露了时代特色，两端作金刚腿。

家祠门厅前对置抱鼓石。元代开始用石头凿成双狮，置于大门两边，如哼哈二将般看守着门户。抱鼓石是官衙门前升堂击鼓和守门狮子的结合体。《说文》："鼓，击鼓也。"中国古代击鼓升堂、击鼓定更等已经形成了官制的行为特征，鼓成了官衙的符号。

祠堂高门限

后来，捐官政策为商人扩充政治资本的同时也为抱鼓石花落商家大户奠定了礼制基础。清亡之后，宅第建设等级限制取消，于是一般富贵人家也都置抱鼓石以彰显门第。

家祠抱鼓石鼓面有螺旋曲线的装饰纹样，雕有三狮戏绣球：公狮、母狮和幼狮，争相嬉球，成为喜庆象征，据传源自刘宋时代的宗悫（què）。据《宋书·宗悫传》记，元嘉二十二年（445），南朝宋与南方林邑国之间爆发了一场战争。宋军派有勇有谋的宗悫为先锋，所向披靡，锐不可当，连获两城。但此后林邑国派出以大象为坐骑的军队，驰骋沙场，来往无碍，宋军难以抵挡。宗悫遂想出借用狮子神威的妙计——他召集将士道："我听说狮子之威，足以镇服百兽。"旋命大家雕刻木块，制成狮子头套和面具戴上，复披黄衣，与"象军"对阵。群象眼看众多"狮子"冲来，惊怖奔溃。宗悫趁机指挥大军掩杀，卒获全胜。往后，狮子在人们心目中，就有了压邪镇凶的作用，最终化为看宅守门的石刻。

另外，因"狮"与"事""嗣"谐音，所以常见的狮形瑞图有象征着"事事如意"的双狮并行、表示"好事不断"的狮佩绶带，以及祝愿"子嗣昌盛"的雌雄狮子伴幼狮等。

抱鼓石上还雕刻着一蓬发少年以连钱为绳、戏钓三足金蟾的

抱鼓石

刘海钓金蟾图，体现了贝氏家祠的个性特色。刘海为钓钱散财之神，出自道教，由传说的辟谷轻身的人物附会而成。寓意财源兴旺，幸福美好。刘海，本名刘操，字昭远，又字宗成，又名哲，字元英，出家后改名玄英，道号海蟾子，人多呼其刘海蟾，五代时燕山（今北京）人。他曾为辽代进士，后事燕主刘守光为丞相，平昔好谈养生的学问，素习"黄老之学"。清人翟《通俗篇》记载："《湖广通志》云：刘元英号海蟾子，广陵人。事燕王刘守光为相。一旦有道人谒，索鸡子十枚，金钱十枚置几上，累卵如钱，如浮图。海蟾惊叹曰：'危哉！'道人曰：'人居荣乐之场，其危有甚如此者。'尽掷之而去。海蟾子由是大悟，易服从道人游历名山，所至有以遗迹。宋初与潭州寿宁观题诗，乃自写真与旁，此即今刘海撒金钱之所托。"据《历代民间诸神》说："刘海能钓钱又能散财，他走到哪里，就把金钱散到哪里。"因而救济了无数穷人，人们尊敬他、感激他，称他为活财神、喜神。本来刘海十六岁登科，五十岁至相位，出家后应为一位白发老人，而且相貌清癯，不修边幅。但民间版画及雕刻中的刘海返老还童，都成了活泼可爱的胖小子。

门厅北临天井，天井四周回廊，外围木栏杆。

刘海洒金钱

景范   仰韩

门厅东西两廊砖刻：景范、仰韩。意思是敬慕宋代贤臣范仲淹，仰慕宋代的贤臣韩琦。范仲淹与韩琦都是北宋名臣，时人将两人并称为"韩范"。

宋人龚明之《中吴纪闻·卷三·范文正公还乡》记载：

→（范仲淹）曰："宗族乡党，见我生长，幼学壮仕，为我助喜。我何以报之？"又买负郭常稔之田千亩，号曰"义田"，以济养群族，择族之长而贤者一人主之。其计日食人米一升，岁衣人二缣，嫁女者钱五十千，娶妇者二十千，再嫁者三十千，再娶者十五千，葬者如再嫁之数，葬幼者十千。族之聚者九十口，岁入粳稻八百斛，以其所入给其所聚，仕而家居俟代者预焉，仕而之官者罢其给。

在附近还建有义宅，占地约二十五亩。宅内有二松，即以堂名，一曰"岁寒"，一曰"松风"。如族人遇有灾祸，无家可归，可在这里借住。还办有义学，供族人小孩在此读书。

韩琦（1008—1075），河南安阳人，为官刚正，宝元三年（1040）出任陕西安抚使，与范仲淹共同防御西夏。累官永兴节度使、守司徒兼侍中，封爵魏国公。神宗为他御撰"两朝顾命定策元勋"之碑，追赠尚书令，谥号"忠献"，并准其配享英宗庙庭。

宋徽宗时追封魏郡王。至清代，更先后从祀历代帝王庙及孔庙。

宋人欧阳修赞其"临大事，决大议，垂绅正笏，不动声色，措天下于泰山之安，可谓社稷之臣"。宝元二年（1039年），韩琦被升授为知制诰、知审刑院。因四川旱灾严重，饥民大增，又于同年被任命为益、利两路体量安抚使，获赐三品服。他到四川后，首先减免赋税，"逐贪残不职吏，汰冗役数百"，然后将当地官府常平仓中的粮食全部发放给贫困百姓，又在各地添设稠粥，史称其"活饥民百九十万"人。蜀民无不感激地说："使者（指韩琦）之来，更生我也。"其文"词气典重""有垂绅正笏之风"；为诗不事雕琢，自然高雅；工于书法，尤善正书。家中聚书上万卷，在安阳筑有"万籍堂"。今有《安阳集》《谏垣存稿》等传世。

庭院廊上挂落为瓶插牡丹及贝叶图案。瓶插牡丹，象征平安富贵。贝叶，即贝多罗叶。贝多罗，梵语pattra，为"叶"的音译，属棕榈科的一种热带性植物。产地主要以印度、锡兰、缅甸、中国西南地区为多。叶子长且质地稠密，可供书写记载经文，略称为贝多或贝叶。《周蔼联竺纪游》卷二第十四页称："贝叶是大西天一种树叶，光洁可书。"在古印度，佛教的弘传在纸张尚未发明前，人们将圣人的事迹及思想用铁笔记录在象征光明的贝多罗上；而佛教徒也将最圣洁、最有智慧的经文刻写在贝多罗树叶上，

庭院廊上挂落

佛经见诸文字是在佛陀入灭后 150 年。由于最初的佛经是刻写在贝多罗叶上的，故称为贝叶经。贝叶既然是佛教弘传上最原始的记录媒体，因此，人们认为它具有消灾辟邪、保平安的吉祥含义。贝叶既反映了狮子林是禅宗修学佛道的地方，又有纪念意义，园主恰姓贝。瓶为平安意，有佛佑合族平安之意。

　　侧廊门洞用拱券门，带有欧式风格。贝氏宗祠建于二十世纪二十年代，贝家又久居上海，融入了当时流行的欧式装修手法，那时拱券门宕已经司空见惯了。此类洞门也可看作圆首圭形。圭的形制特点因时代不同、种类相异而存在较大的差别，除了常见的尖首圭形，也有上部呈弧形的圆首圭形。在苏州，圆首圭形门洞常见于寺庙和祠堂。

拱券门

家祠
前厅

　　祠堂前厅原为供奉贝氏四代祖父，即父、祖父、曾祖父、高祖父神像；前厅建筑规格比较高，檐高厅深，光线暗淡，气氛肃穆。硬山顶，两端置鱼龙吻；屋顶上塑有福、禄、寿三位神仙的泥塑塑像。三星指福、禄、寿三星，三星造型是星辰崇拜的人格化。

祠堂前厅

象征五福临门的福星，是九大行星中的木星，别名"岁星"，古语所谓"太岁头上不能动土"，就是源于古人对它的奇异想象。苏州香山帮雕塑的福星形象以"天官样，耳不闻，天官帽，朵花立水江涯袍，朝靴抱笏五绺髯"为常格。

禄是指官吏职位的俸给。禄星原为文星，亦称"文昌""文曲星"，专掌文运禄位。苏州香山帮雕塑的禄神形象却是"员外郎，青软巾帽，绦带绦袍，携子又把卷画抱"。

寿星，一说即二十八宿中的角亢星，为东方苍龙七星（角、亢、氐、房、心、尾、箕）之一。《史记·天官书》：在西宫狼星附近有一颗大星，叫南极老人星。苏州香山帮雕塑的寿星形象是："绾冠玄氅系素裙，薄底云靴，手拄龙头拐杖。"

福、禄、寿神仙塑像

厅南北各十六扇长窗，窗格为海棠形图案，夹堂刻花卉图案，裙板刻着象征长寿的灵芝仙草和五福捧寿图案。

大厅外廊两侧砖额"敦宗""睦族"，祠堂是供奉、祭祀祖宗，族人聚会的地方，大家族的人们，都应该和睦相处，为人要忠厚、诚实。讲的是家族之间的伦理道德，即使到了二十世纪二十年代，"天地国亲师"敬天法祖、孝亲顺长、爱国尊师的价值观念也没有变化。

长窗裙板雕刻

敦宗砖额

睦族砖额

凤戏牡丹

　　两边走廊的木栏杆上雕有海棠花纹，框进了凤穿牡丹的传统吉祥图案。凤为鸟中之王；牡丹为百花之王，象征祥瑞、美好、富贵。

　　今前厅为接待大厅，按礼式布置，供桌上放着葫芦形宝瓶，象征福禄平安；典雅的大理石插屏和宝瓶，象征平平安安，中间放着灵璧供石，象征永恒、家业稳固。

　　悬有"云林逸韵"匾额，意思是元代画家倪云林超众脱俗潇洒风流。有今人萧劳撰书的楹联："枕水小桥通鹤市；森峰旧苑认狮林。"联中"鹤市"是古街坊名，来源于一个古老的故事：传说春秋吴王阖闾女死，阖闾为葬爱女，出葬日，仙鹤舞引，群鸣于市，其地称鹤市，桥曰鹤舞桥。（见东汉赵晔《吴越春秋》）王遽常撰书的章草抱对："似黄道流星散落百座；忆云林作稿点活五龙。"形容园内假山好像是黄道附近散落的流星。当年倪云林画《狮子林图》，将似五龙的假山点活，极赞云林的画艺。

家祠大厅内

后家
厅祠

原为供奉四代女性先祖神像，即母亲、祖母、曾祖母、太祖母。今属苏州民俗博物馆。

富外廊东茶壶档门宕有"戬榖"（jiǎn gǔ），"戬"，福、吉祥，"榖"，俸禄，裕。"戬榖"就是吉祥如意，富足有余。出《诗经·小雅》："天保定尔，俾尔戬榖。"意即上天保佑庇护你，使你安乐幸福即福禄。外廊西茶壶档门宕有"嘉禾"砖额，"嘉禾"，生长奇异的禾，古人以之为吉祥的征兆，亦泛指生长茁壮的禾稻；奇特美好的谷物；出自《书·微子之命》："周公既得命禾，旅天子之命，作《嘉禾》。"

祠堂北为贝家欧式住宅。

家祠后厅

住宅主厅区

燕誉堂
南庭园

从祠堂西侧转入面东朝西
的八角门和圆形的入胜门，圆
套八角，在中国人的观念里，
圆是日月盈蓄之象，又是天穹
覆盖之形，更代表着一种圆融
宽满的理想人生，具有吉祥美
好的属性。

燕誉堂前庭南白墙下的湖
石花台，上立石笋，象征永
恒，两株白玉兰（白玉）、一
枝垂丝海棠（堂）和丛植的牡

方圆套门

花坛

丹（富贵），寓意为"玉堂富贵"且永恒。

"玉堂富贵"花坛前为"五福捧寿"铺地。台阶垒太湖石凹入，作水纹状，如水墨山水画一样，古称"涩浪"，是苏州园林中从自然过渡到人工建筑的小品。

五福捧寿 涩浪

燕誉堂为住宅区主厅，建筑高敞宏丽，硬山顶，西山墙山尖饰寿星张果老倒骑毛驴泥塑，纹头脊。毕沅（1730—1797）裔孙毕诒策书额，"燕"通"宴"，取《诗经·车辖》中"式燕且誉，好尔无射"句意。意谓：酒宴洋溢着欢乐，我们喜欢你没有厌足。这是当年园主宴客之所，堂内陈设雍容华贵，正中有《重修师子林记》。厅内用屏门、罩、纱隔将厅分隔为平面、空间大小相同的前后两部分，好像两座厅合并而成，是苏州园林中最标准的鸳鸯厅。两侧山墙有水磨砖墙裙，厅前后有外廊。

燕誉堂

堂分南（前）北（后）两部分，建筑风格绝然不同，由此形成对比，如同雌雄鸳鸯，故名鸳鸯厅。

南半部宜于冬春，梁架为五界回顶扁作、椽为菱角轩、落地长窗用透明玻璃；

北半部宜于夏秋，梁架为五界回顶圆作、椽为鹤胫轩。

南部梁架

北部梁架

北堂北长窗灯笼纹心仔嵌彩色玻璃，有蓝、绿、黄、玫瑰红四种颜色。彩色玻璃是由透明玻璃粉碎后用特殊工艺染色制成的一种玻璃。彩色玻璃在古代就已经存在，但一般认为，玻璃彩色花窗起源于欧洲十二、十三世纪（中世纪）的哥特式教堂。

北厅彩色玻璃

南北厅室内铺地用的都是黏土烧制而成的方砖，不用石材。古人认为石材不适合阳宅，只适用于桥梁和阴宅之类的永久性建筑。实际上，很多天然性石材的放射性超出了人体能接受的范围，且不可控。南厅方砖铺为菱形、北厅则方砖铺为成正方形。

南北两厅的家具陈设式样各异。著名古建筑园林艺术学家陈从周先生称其为典型的建筑中的"同光体"，"同光"指清代"同治""光绪"两个年号，"同光体"本是晚清最为重要的一个诗歌流派，陈先生这里指的是在此期间的建筑风格，即庭院保持中国传统，局部有中国的传统符号装饰，是中西方建筑文化结合的产物。

燕誉堂有楹联："具峰岚起伏之奇，晴云吐月，夕朝含晖。尘劫几经年，胜地重新狮子座；于觞咏流连而外，赡族承先，树人裕后。名园今得主，高风不让谢公墩。"此时园主为苏州贝润生。贝氏得此园于民国七年（1918）秋，花七年时间重修。峰石依旧，

南北厅方砖铺地

亭榭厅堂则掺揉西洋手法新建。联文赞园主贝氏的高风亮节，并比之为晋人"江左风流宰相"谢安。贝润生自幼丧母，由父亲教养成人，发迹后，为纪念父亲梅村公，造苏州平门桥，名"梅村桥"；为承母亲的遗训，捐十万银元、1400多亩地，建造"承训义庄"，义庄内建族校、祠堂，即联语所说的"赡族承先，树人裕后"。今家祠照壁沿马路东端还有"承训义庄"四字石雕。

燕誉堂北厅匾额"绿玉青瑶之馆"，源出倪瓒（云林）"依微同里接松陵，绿玉青瑶缭复萦。为咏江城秋草色，独行烟渚暮钟声"诗句，原诗是用绿玉来形容"绿水"。这里用翠绿色美玉名馆，寓吉利富贵之意。

承训义庄石雕

燕誉堂外廊洞门均为茶壶档方形门，分别题"听香""读画""胜赏""幽观"：

"听香"，闻香气。道佛两家都强调"通感"，即认为五官的感觉能够贯通，所谓"鼻里音声耳里香"（《五灯会元》卷十二）、《楞严经》卷四有所谓"六根互相为用""无目而见""无耳而听"之说；《列子·黄帝》："眼如耳，耳如鼻，鼻如口，无不同也。"将嗅觉、听觉沟通起来，是超感性体悟的心态的一种表现。因超越了感性，超越了感官，内在心灵才获得了贯通，感官也随之贯通。这里突出花木散发的芳香赏心怡神。诉诸嗅觉的"闻香"是人们惯常的生活体验，而将此感受幻化为"听"的形态，更显得自然撩人。此庭院有玉兰两株，其花莹洁清丽，香气如兰。

"读画"为观画的雅称。国画家们博采诗、书、篆刻艺术与绘画相结合，熔诗、书、画、印为一炉，"诗是无形画，画是不语诗"。故欣赏中国画，一是通过画面题材内容、取景构图、笔墨技法，欣赏作品的艺术韵致；二是欣赏画面的字，即题画诗、词等文学形式。

"胜赏"，尽情欣赏胜景，西行即登假山；"幽观"观赏幽雅的景色。

胜赏砖额

小方厅

　　小方厅北有半亭，亭中正北窗上嵌菱花纹彩色景窗。景窗下置苏州陆慕御窑金砖。变土为金，俗传一两黄金一块砖，其声如磬，色明如镜，有天下第一砖的美名。明朝永乐帝始为皇宫特供砖石，历六百余年。

　　两侧悬对联"狮子窟中岚翠合；细林仙馆鹤书频"。出句取明人王士祯《雨夜宿圣恩寺还元阁》诗："狮子窟中岚翠合，法华山外冥烟收。"言狮形石峰的大孔小穴中吐纳的岚云与翠色紧紧融合，此借指北院狮形太湖石峰；对句说细雨润泽的山林仙馆中征贤的鹤头书信频频传来。意为高扬园主的贤能清高，他们颇得皇

小方厅南半亭

帝的青睐，累发非常之诏。

半亭西侧直通假山洞的洞门为"佛脚印"。"佛脚印"象征佛陀本身。因为佛陀和基督教、伊斯兰教等宗教，都认为有形的物体不可能长存不灭，所以反对偶像崇拜，反对立像。佛陀在《金刚经》中说："若以色见我，以音声求我，是人行邪道，不能见如来。"偶像崇拜会使人们只注重表象，从而忽略了内心。佛陀弘法四十九年，讲经说法无数，无一不是在教导世人做自身命运的主人，唤醒自性。因此，在佛像出现之前，佛教徒通常使用头巾、

"佛脚印"门

菩提树、法轮、佛脚印来代表佛陀。佛脚印文化从西域传入，唐代以后逐渐替代了原始的大人脚印，并相沿袭而不衰。

佛脚印的中心是达摩法轮，是由太阳圆盘图像发展而来的，在毛利人（Mauryan）时期之前，它是一种公认的圣物，与佛教艺术联系在一起。莲花象征着佛陀的纯洁精神，卐象征火和光明，双鱼象征解脱、宝瓶象征智慧、海螺象征布道等符号。

狮子林假山群，共有九条路线，二十一个洞口。人们沿着佛脚印门洞西行，便进入其中的一个假山洞，洞内有石桌，桌面刻有棋盘，旁有石级可登。

佛脚印图

佛脚印指引的假山洞

假山洞

　　山腹中空灵曲折，人们在曲折的宛如迷宫的假山中穿行，若跨边道、或超越，你将始终徘徊走不出这个洞穴。象征着芸芸众生必须顺从禅意的指引，方能进入佛禅境界，从迷茫到豁然开朗的悟佛过程。

　　半亭后小方厅为歇山式，匾额"园涉成趣"，取意于东晋陶渊明《归去来兮辞》句："园日涉以成趣，门虽设而常关。"表达归隐田园的一种生活情趣。写出了平凡生活中所蕴含着的美，这种艺术境界具有浓厚而深刻的哲理色彩。

　　南壁正中亦为嵌菱花纹彩色景窗，两侧对联："石品洞天，标题海岳；钟闻古寺，境接嫏嬛（láng huán）。"意思是众石叠成洞天福地，宋米芾标识题记；古寺传来进斋钟声，境接嫏嬛雅境。

小方厅彩色窗

厅东西两侧的大型空窗，框进两幅图画，为素芯蜡梅，甫天竹、石峰共同构成"蜡梅图"和"松石图"，水景园诱人胜景透露出来，具有引人入胜的魅力。点活了小小方厅。

蜡梅图

松石图

打盹亭

　　小方厅东西两侧有廊与打盹亭和住宅部分相通，合成一小院。东廊通向住宅门，所以廊门墙砖刻"息庐""安隐"，意思是舒适的休憩之所，安静的隐居之地。墙砖刻有"宜家受福"，"宜家"，即"宜其室家"之意，见《诗经·桃夭》："之子于归，宜其家室。"朱熹传曰："宜者，和顺之意；室者，夫妇所居；家，谓一门之内。"后指家庭和睦。

　　西廊通向一间镶嵌七彩玻璃的小阁"打盹亭"，一名"对照亭"，下挂大理石挂屏，有曲园居士题"浮岚清晓"额，并刻"浮气岚清晓，钟声出白云"诗句。是园主坐禅悟性之所，"打盹"乃半睡半醒的样子，实际上是一种"禅定"状态。"禅在梵语中是沉

打盹亭外

思，翻译为思维修或静虑，意义是将散乱的心念集中，进行冥想，止息意念，得到无我无念的境界。"南宗禅兴起后反对坐禅，但"禅定"方式却贯穿于整个禅宗发展史的始终。因为与中国道家的"心斋""坐忘"有相通之处，在士大夫中间始终流行。以"禅定"方式进行直觉观照与沉思冥想，观照的对象与人的心灵相互交融，浑然莫辨，所以又可称"对照"。

　　小院内筑湖石花坛，花坛内是一块怪石嶙峋的多孔石峰，玲珑奇特，系用若干块湖石镶嵌接叠，名"九狮峰"，"体形俯仰多变，峰体多孔穴，用铁钩挂石料，水泥嵌缝，都是 1918—1926 年间所堆，反映了当时的叠石风尚"（刘敦桢《苏州古典园林》第 62 页）。

九狮峰

最引人注目的是小庭园北墙上的四孔漏窗，窗花分别为琴、棋、书、画四物，精美而又古雅，称"四雅"，衬以窗下栽植的南天竹、石竹、罗汉松等四季常绿的植物，既具有形式美感，又饱含耐人寻味的幽雅情调，文化特色鲜明。

琴，指七弦琴，相传中华文明起源时期的炎帝，发明了五弦琴、七弦琴，创造了名叫《扶持》的乐舞，为后来西周时期的礼乐制度作了铺垫。儒家向来重视人的感情抒发，并用礼来约束感情，将礼、乐统一起来，成为中华原创性文化中儒家思想的基本准则。古琴置于海棠纹框冰梅纹之中，古雅脱俗。

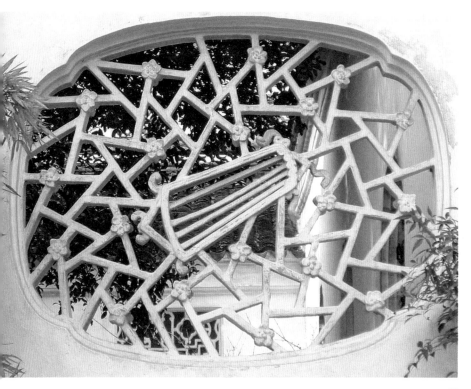

琴

棋，指围棋，中国是围棋的故乡，在甘肃永昌县鸳鸯池出土的原始社会末期的陶罐，就出现黑色、红色甚至彩色的纵横交错的条纹图案，考古学家称之为棋盘纹图案。围棋，三百枯棋，一方木枰，却以其丰富的魅力和无穷的象征力，吸引着形形色色的崇拜者：文人雅士之间作为一种文采的补充，倜傥风流、逸情雅趣，体现着文人的风度气韵；哲人从中看到世界的本源；礼佛者从中看到了禅……此围棋盘在蔓草海棠花之间。

棋

"左壁观图右壁观史"，园林主人为博达古今之士，嗜书好学，线装书周蔓草舒卷，象征书香传代。

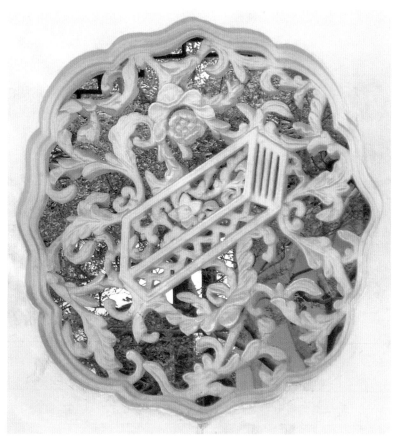

书

画，指中国水墨画，代表文人王维。绘画艺术自唐王维融进园林，逐渐与园林构图和审美价值趋向完美结合，园林画境又成为画家的无上粉本和歌咏题材，花窗画卷镶嵌在银锭形外框内。

禅意假山区

　　狮子林号假山王国，约占全园面积的五分之一。禅意假山有旱水之分，是中国早期洞壑式假山群的唯一遗存。

　　跨进海棠式地穴门，门宕上分别嵌有"涉趣""探幽"额，进入山水园，返顾小小庭院，九狮峰石镶嵌在海棠门框中，是绝妙的一幅框景，且为障景的一类，成为从西园入东部住宅的障景，是园内绝妙的经典一景。这也是苏州古典园林中唯一的海棠门宕，因为其位置在花园的东侧，五行属于春天，海棠花窈窕春风前，花姿潇洒，花开似锦，淡淡微红色不深，依依偏得似春心，是春的象征。

探幽海棠门景

揖峰指柏轩

　　穿过海棠门，进入揖峰指柏轩南平地，前临玉鉴池，平地上东西两棵桂花，不禁令人想起唐王维的《鸟鸣涧》"人闲桂花落，夜静春山空。月出惊山鸟，时鸣春涧中。"以动衬静，空阔沉静，闲事闲情闲趣，一片化机，合于禅理。

　　揖峰指柏轩是山水园内正厅，两层重檐楼宇，坐北朝南，楼上层缩进，黄瓜环脊歇山顶。轩底层四周为回廊。

揖峰指柏轩

楼下厅堂上方悬挂了由王同愈所写的"揖峰指柏"匾，轩内屏风正面挂一幅"寿柏图"，北面下部刻有花卉清供图案，上部置古器物拓片，外罩玻璃，共十二幅。

揖峰指柏轩厅堂

揖峰，取意于宋朱熹的《游百丈山记》："前揖庐山，一峰独秀。"拱手礼对奇峰，将山石人化，表达对山石的热爱尊崇之情，取的是北宋米芾见石峰而作揖的典故。

厅堂前假山上奇峰林立，峰石间数枝古柏虬根盘绕，其中"腾蛟"一株年逾数百年，

山上枯柏

屈蟠苍穹，虎爪龙鳞，颇有画意。禅是一种启发人"自识本心"、发现"自家宝藏"的生命哲学，所以，禅师启发人从眼前之柏中获得"悟"的契机，使人"蓦然心会"。

原妙的禅学思想和实践继承了宋"看话禅"的传统因素，看话禅，看，见之意；话，公案之意，即专就一则古人之话头，历久真实参究终于获得开悟。禅宗参禅时多焚柏子香，故也称"柏子禅"。唐戴叔伦《二灵寺守岁》诗曰："无人更献《椒花颂》，有客同参柏子禅。"

"指柏"，说的是"赵州指柏"的禅宗公案故事。僧问赵州从稔禅师：

→"'如何是祖师西来意?'师曰:'庭前柏树子。'曰:'和尚莫将境示人?'师曰:'我不将境示人?'曰:'如何是祖师西来意?'师曰:'庭前柏树子。'"（《五灯会元》卷四）

"祖师西来意"与"佛法大意"一样，都表示佛法的奥义。是禅宗开悟的机语，是禅门中最为热门的话题。禅僧对什么是祖师西来意、什么是佛法大意的回答，反映了禅宗思想体系的四个最重要的部分：本心论、迷失论、开悟论、境界论。

这里反映的正是"本心论"，揭示本心澄明、觉悟、圆满、超越的内涵与质性：佛法大意具有超越性，语言文字不可表达；是引导人们发现本心自性；本心圆满，不劳外求：僧问："什么是佛法大意？"赵州禅师反问："你的名字叫什么？"僧人说："我叫某某。"赵州说："含元殿里，金谷园中。"（《古尊宿》卷14）含元殿里即长安，金谷园中花最繁。所以不必向他处觅长安，不必向他园看花柳。一草一木，一粒沙尘，都体现着真如，具备觉悟的潜能。性灵之源虽然常常因境风的吹拂而生起波浪，以致于丧失了澄明的观照，但它澄明的本性，却从来没有失去。宋代无门慧开禅师评道：如果能分明透彻地领悟禅师答话的妙旨，即将前无释迦牟尼佛，后无弥勒佛！并颂道："言无展事，语不投机；承言者丧，滞句者迷。"意思是说：言语不能展示具体的事相，文字也不能阐述其机锋的要旨；执着于言语的人则会丧失悟禅的慧命，停滞于文字的人会迷妄。故明高启有"人来问不应，笑指庭前柏"诗句，额名非为赏景，旨在悟禅，与轩南园中佛教意境的假山氛围相吻合。下图为明初徐贲《师子林图》十二景之一的"指柏轩"：

明徐贲《师子林图》十二景之一的"指柏轩"

揖峰指柏轩对联"看十二处奇峰依旧，遍寻云虹月雪溪山，最爱轩前千岁柏；喜七百年名迹重新，好展朱赵倪徐图画，并赓元季八家诗"。并有篆书长联："丘壑现奇观，古往今来，世居娄水。历数吴宫花草：顾辟疆、刘寒碧、徐拙政、宋网师，屈指细评量，大好楼台夸茂苑；溪堂识真趣，地杰人灵，家孚殳山。缅怀元代林园：前鹤市、后鸿城、近鸡陂、远虎丘，迎眸纵登眺，自然风月胜沧浪。"

揖峰指柏轩西后廊砖额："怡颜、悦话"，取意于陶渊明《归去来兮辞》："引壶觞以自酌，眄庭柯以怡颜。"谓手持酒壶自斟自饮，闲视庭院中的树木喜形于色。"悦亲戚之情话，乐琴书以消忧"，谓亲戚朋友亲切的谈话会令人愉悦，喜欢用弹琴读书来消除内心的忧伤。

此轩原为园主接待亲朋密友之所，也为文友们写诗作画之地，轩东后廊砖刻："留步养机"，停下脚步，培养创作的冲动和灵感。清李渔《闲情偶寄·词曲下·格

砖刻

局》曰："有养机使动之法在，如入手艰涩，故置勿填，以避烦苦之势，自寻乐境，养动生机，俟襟怀略展之后，仍复拈笔。"

屏门两侧各两扇银杏木槅扇，夹堂正面刻有四幅历史人物故事：东晋王羲之戏鹅、晋末陶渊明爱菊、宋周敦颐爱莲、元倪云林洗桐，展示东晋、晋末和宋元知识分子爱尚体现出来的时代精神，为历代文人所爱。

唐诗人杜牧当年登临怀古，曾喟叹道："大抵南朝皆旷达，可怜东晋最风流"，"可怜"是可爱的意思，而"风流"指的是人的举止、情性、言谈等，是那一代新人所追求的那种具有魅力和影响力的人格美，即魏晋风流，是在乱世的环境中对汉儒为人准则的一种否定，也是"玄"的心灵世界的外化，是乱世之下痛苦内心的折射。

王羲之是东晋风流大名士代表，出身世族高门、"清贵有鉴裁"，行为往往出人意表，任诞为尚，深受士人宠爱。但他的书法精妙，善于摄取自然界事物的某种形态化入字体之中，纵横有象，尤喜"观鹅以取其势，落笔以摩其形"，从鹅的优雅形姿上悟出了书法之道：执笔时食指须如鹅头昂扬微曲，运笔时要像鹅掌拨水，方能使精神贯注于笔端。王羲之模仿着鹅的形态，挥毫转腕，所写的字雄厚飘逸，刚中带柔，既像飞龙又似卧虎，号"书圣"，所以"性爱鹅"。李白在《送贺宾客归越》中所写"山阴道士如相见，应写黄庭换白鹅"，说的就是王羲之用写的《黄庭经》和山阴道士换鹅的典实。据《晋书·王羲之传》载"（羲之）性爱

鹅，会稽有孤居姥养一鹅，善鸣，求市未能得，遂携亲友命驾就观。姥闻羲之将至，烹以待之，羲之叹惜弥日。又山阴有一道士，养好鹅，羲之往观焉，意甚悦，固求市之。道士云：'为写《道德经》，当举群相赠耳。'羲之欣然写毕，笼鹅而归，甚以为乐。"会稽有一个孤老太太养了一只好鹅，特善于鸣叫，王羲之派人去买，老太太不卖。王羲之就邀了朋友前去观赏。老妪听说王羲之要来，就杀了鹅准备款待他，王羲之一到，见鹅已死，叹息终日。又山阴县玉皇观有个老道士，精心调养一批良种白鹅，王羲之到放养鹅的地方去观赏这群白鹅，十分惊喜，便很想买下白鹅。道士说："你只要给我写一篇《黄庭经》，我就将这些鹅悉数相赠。"王羲之欣然写毕，笼鹅而归，欢喜异常。这篇《黄庭经》世称右军正书第二。李白《王右军》"右军本清真，潇洒出风尘。山阴遇羽客，要此好鹅宾。扫素写道经，笔精妙入神。书罢笼鹅去，何曾别主人。"便是引用这个典故。

王羲之爱鹅

这幅"王羲之爱鹅"雕刻，王羲之坐在亭边的椅子上，亭边竹影摇曳，椅边三鹅姿态各异，小童弯腰逗鹅，王羲之则侧身全神贯注地观察着鹅的神态。留园的"王羲之爱鹅"雕刻，小童在喂鹅以食，一鹅伸脖向天鸣叫，柳下树畔，王羲之正倾身观看。严家花园的"王羲之爱鹅"雕刻也很生动，双鹅在王羲之坐的椅子前，一鹅安闲自如，似乎在与王羲之对话，另一鹅则伸脖觅食。

陶渊明生活在晋和刘宋之交，看惯了世道之乱，归隐田园。明陈继儒《花史》云："古之名贤，独渊明寄兴，往往在桑、麻、松、菊、田野篱落之间。"尤独寄兴于松菊，乃至于坐卧行止，俯仰吟啸，皆与松菊有关。在陶渊明眼里，菊花不仅有飘逸的清雅、华润多姿的外观，幽幽袭人的清香，而且具有"擢颖凌寒飙""秋霜不改条"的内质，其风姿神采，成为温文尔雅的中华民族精神的象征。

陶渊明写下的"采菊东篱下，悠然见南山"的千古名句，采菊东篱，在闲适与宁静中偶然抬起头见到南山，人与自然的和谐交融，达到了中国近代学者王国维所说的"不知何者为我，何者为物"的无我之境。菊花的品性，已经和陶渊明的人格交融为一，真如《红楼梦》中林黛玉咏菊诗所云："一从陶令平章后，千古高风说到今。"

渊明之于松菊，可说到了迷恋、崇拜程度。渊明生命生活样态、审美志尚的最重要符号，被称为"古今隐逸诗人之祖"，菊花也被称为"花之隐逸者"。成为陶的形象特征，遂获"陶菊"雅称，"陶菊"象征着陶渊明不为五斗米折腰的傲岸骨气，东篱，则成为菊花圃的代称。陶渊明与陶菊成为印在人们心里的美的意象。

"陶渊明爱菊"图中，一翁倚茂松怡然，菊花数盆，两人犹勤奋忙碌着，一人搬菊花盆，一人荷菊花篮，反映了陶渊明《归去来兮辞》中"三径就荒，松菊犹存"的惬意。松菊独立凌冰霜，独吐幽芳，高情守幽贞，寓

陶渊明爱菊

意人生虽坎坷，仍自保其高尚之品格与不屈不挠之精神也。

宋代实行尚文政策，造成了倾心学术、精心文章、崇尚文化的社会时尚。"腹有诗书气自华"，宋代士大夫生活情趣和审美情趣普遍高雅化。宋代精致的、思理见性的理学大兴，形成了"濂洛风雅"，"洛下五子"之一的周敦颐是其中的代表人物之一。

宋人特别发现了荷花。他们在体物传神上，特别重视物的气骨风韵。周敦颐"雅好佳山水，复喜吟咏"，酷爱雅丽端庄、清幽玉洁的莲花，曾筑室庐山莲花峰下小溪上。知南康军时，在府署东侧挖池种莲，名为爱莲池，池宽十余丈，中间有一石台，台上有六角亭，两侧有"之"字桥。写了情理交融、风韵俊朗的《爱莲说》，对莲作了细致传神的描绘："水陆草木之花，可爱者甚蕃，予独爱莲之出淤泥而不染，濯清涟而不妖，中通外直，不蔓不枝，香远益清，亭亭净植，可远观而不可亵玩焉……莲，花之君子也。"由理而入，复转入形，有理有形，特别透彻而传神。

赞美了莲花的清香、洁净、亭立、修整的特性与飘逸、脱俗的神采，比喻了人性的至善、清净和不染。周敦颐以"濂溪自号"，把莲花的特质和君子的品格浑然熔铸，实际上也兼融了佛学的因缘。

图中，时值盛夏，周敦颐双手背在后面，漫步濂溪池畔，欣赏着清香缕缕、随风飘逸的莲花，似乎在口诵着《爱莲说》。

周敦颐爱莲

元代蒙古统治者推行民族歧视政策，将南方汉人置于末等地位。元文人有的隐逸于山林，有的寄情于书画，抒发抑郁苦闷的心境。其中以毕生精力从事绘画、取得卓越的成就"元四家"之一的倪瓒，在意识史上具有至高地位。

倪瓒爱洁如癖，甚至"一盥颒（guàn huì，洗手洗脸）易水数十次，冠服数十次振拂"，"斋阁前植杂色花卉，下以白乳甃其隙，时加汛濯。花叶坠下，则以长竿黏（粘）取之，恐人足侵污也。"据明人王锜《寓圃杂记·云林遗事》记载："倪云林洁病，自古所无。晚年避地光福徐氏……云林归，徐往谒，慕其清秘阁，恳之得入。偶出一唾，云林命仆绕阁觅其唾处，不得，因自觅，得于桐树之根，遽（jù）命扛水洗其树不已。徐大惭而出。"

梧桐，又名青桐。青，清也、澄也，与心境澄澈、一无尘俗气的名士的人格精神同构。自此，洗桐成为文人洁身自好的象征。

狮子林的洗桐图，梧桐树两三棵，云林坐在树旁岩石上，一伙计手拿抹布仔细地洗擦着树干，大水盆放在梧桐树下，树旁栏杆清晰可见。倪云林的洁癖，亦是汉族知识分子在民族压榨下的自尊。

倪云林洗桐

夹堂背面刻有梅、兰、竹、菊四季花卉图。

二楼名"听雨楼",因园主于此收藏《听雨楼帖》而得名,今悬"一峰独秀"匾额,可以俯瞰远观旱假山区林立的石峰石笋。

揖峰指柏轩东西两侧的花窗是黑色堆塑漏窗八扇,内涵丰富:海棠形外框内塑葡萄和藤蔓成窗芯,象征万代长青,后嗣兴旺;葫

揖峰指柏轩二楼

芦漏窗内嵌如意云纹，葫芦窗纹内嵌栀子花。如意头纹内嵌塑葫芦纹，寓福禄绵绵、长寿等意。葫芦上缠绕着兰花，象征着友谊；枝上结满桃子的塑窗和外框为桃状的花窗，象征着辟邪和长寿。下图是海棠纹（象征满堂）外框内葫芦（谐音福禄）满枝，中间还横着两枝毛笔带笔杆（笔与必同音），意思是全家必定有福禄。

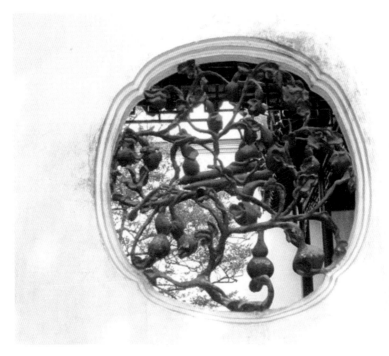

塑窗

玉鉴池

弓形桥下是一条狭长的小池，"凿池松竹里，不与野泉通"，名玉鉴池，"玉鉴"原义是光洁可鉴的玉片，也为镜子的美称，这里受高耸假山和北面高大建筑的围合，水池很小，因此常年水面若凝无波，池水平静无涟漪，"一镜寒光定，微风吹不波""风静游鱼息，青天落镜中"，犹如碧玉磨成的镜面，故名玉鉴池。为狮子林著名八景之一。元王行"方池开玉鉴，炯炯湛虚明。瘦影休烦照，心凉已共清""月来似禅性，风定似禅心。数尺方池水，应同觉海深，"也与顿悟佛性有关。

玉鉴池

旱假山

玉鉴池前就是旱假山。该区地势较高，即使遇大雨亦能一泄而干，故名旱假山。假山有上、中、下三层，沿着曲径磴道上下于岭、峰、谷、坳之间，时而穿洞，时而过桥，"对面石势阻，回头路忽通。如穿几曲珠，旋绕势嵌空，如逢八阵图，变化形无穷。故路忘出入，新术迷西东。同游偶分散，音闻人不逢。"（清朱炳靖诗）这些高低俯仰、上下内外、峰回路转，象征的正是顿悟佛理的过程。自性迷妄的"芸芸众生"在没有"悟"道的时候，在洞曲如珠穿的假山洞里徘徊，最后享受到了豁然开朗的乐趣。与欧洲"迷宫"有相似之处。近代英国经验派代表培根在《欧洲哲学史简编》上卷中说：

→ 宇宙在人类理智的眼里好像一座迷宫，哪一面都呈现出那么多的歧路，各种事物、各种征象似是而非，各种自然现象杂乱无章，纠缠不清，尽管如此，道路还是必须打通，要依靠感官的那种闪烁不定、时明时暗的亮光，穿过经验的丛林，通过各种特殊现象向前迈进。

旱假山顶上耸立五峰：居中为狮子峰，象征的是佛经中的狮子座。

东侧含晖峰，如巨人站立，左腋下有穴，腹部亦有四穴，在峰后可见空穴含晖光；吐月在西，势峭且锐，傍晚可见月升其上。两侧为立玉、昂霄峰及数十小峰相映成趣。千姿百态的湖石叠置的拟态假山，多数像狮形，大小有五百来头，有太狮、少狮、吼狮、舞

狮、醒狮、睡狮，也有像鼋
（yuán）的、像鱼的、像鸟的。
或蹲、或斗、或嬉，或躺或
立，或大或小，或肥或瘦。不
可胜数。象征悟道的佛门弟子
正围绕着雄居其首的狮子峰顶
礼膜拜，向世人宣示的是佛学
的渊源，营造的是浓厚的佛教
幻想意境。当然与文人园象征
自然山水者不同。

狮子峰

旱假山群峰

　　中国化佛教世俗色彩很浓，如见山楼南水池边的南海观音（又名送子观音）：坐东朝西，临水而立，似一女子，怀抱婴儿。南海观音是民间崇拜的佛教神祇，俗称"子孙娘娘""催生娘娘""授儿娘娘""奶母娘娘"等。民间以为送子观音可保佑人们生子有嗣，并能庇人产儿、育儿顺利无灾。《法华经》中说："若有女人设欲求男，礼拜供养观世音菩萨，便生福德智慧之男；设欲求女，便生端正有相之女。"

观音峰

卧云室

旱假山中央为90平方米的"盆地"，筑楼名卧云室，为寺僧静坐敛心、止息杂虑的禅房。造型奇特：呈凸字形，两层，上、下各6只戗角飞翘，显得轻盈，东、南、西三面有廊，北面为楼梯间。

楼阁周围空间极狭，四周环以酷似群狮起舞的峰峦叠石，形成山势围护，众星捧月之势，小楼恰似卧于峰峦之上。古人以云为触石而生，峰石为云根，故小楼如卧云间。树木森郁，以柏树和白皮松最为古老，颇多山林野趣。山内洞壑错综，曲径盘旋，如迷宫一般，颇多情趣。金元好问"何时卧云身，因节遂疏懒"，明高启诗谓："夕卧白云合，朝起白云开。有心长在，不随云去来。"楼阁与清幽的环境相得益彰，创造了"人道我居城市里，我疑身在万山中"的神秘意境。

卧云室

修竹阁

　　修竹飞阁跨涧而筑，半隐于假山之中，山上藤蔓纷披，颇多野趣。阁前有木芙蓉、夹竹桃等植物临波衔水；阁南北两侧有挂落、坐槛，槛上设吴王靠。东西相对开有长方形和八角形砖细洞门。一面依叠石，三面环流水，阁南一泓池水，北面小涧蜿蜒切割两旁山体，直达花篮厅前水域，阁下池水南北贯通，绵延不绝。

修竹阁下小溪

东西两侧有茶壶档洞门出入阁，西接紫藤花架，阁东植有小片竹林，依稀可见狮子林旧景"竹谷"："万个竹修修，风生满谷秋……虚谷万琅玕，禅林六月寒。直将心与节，共作有无香。"（明高启《师子林十二咏·竹谷》）。下面为徐贲《师子林图》的竹谷一景：

旧时狮子林有"密竹鸟啼邃清池""万竿绿玉绕禅房"，与《洛阳伽蓝记》永明寺中"庭列修竹，檐拂高松"一样，修竹乃营造佛禅氛围的植物，唐崔峒《题崇福寺禅院》："清磬度山翠，闲云来竹房。"柳宗元也有"道人庭宇净，苔色连深竹"之句。（《晨诣超师院读禅经》）据《荷泽神会禅师语录》，禅宗的牛头宗袁禅师述，"先辈大德皆言道，'青青翠竹尽是法身，郁郁黄花无非般若'"。把佛与黄花、翠竹平等看待，使众生平等的理念更为广泛和充实。

徐贲《师子林图》的竹谷一景

修竹阁

小岛假山

自修竹阁西，"小飞虹"下（条石板桥）紫藤架东端出，进入水假山。假山四周临水，犹如小岛，静卧池水中央，与旱假山跨涧相接，连绵起伏，气势宏大，宛如天然图画。池水水位升高，则洞内涉水，游人需踯躅而行，似仙鹤戏水；洞外雨水瓢泼，洞内水珠沥沥，别有情趣。水假山峰石有十二生肖之说，但尚能形似的有兔、猪、猴、马等几处。

小岛假山

山水园北区

　　山水园北区主要建筑东西横向排列，以各式曲廊相隔，形成了层次丰富的变化空间。旧悬一副"楼台金碧将军画，水木清华仆射诗"对联，比较确切地概括了这一景区的特色：亭台楼阁金碧辉煌，就如唐代的大小李将军的青绿山水画一样。唐代李思训，于唐玄宗开元初任左武卫大将军，人称"李将军"。善画山水树木，受隋展子虔的影响，创金碧青绿山水的画法，是我国山水画"北宗"的创始人。画技高超，得"湍濑潺湲，烟霞缥缈"之妙，"神通之佳手"（《唐朝名画录》），其子李昭道亦善山水，世称"小李将军"。金碧山水一般是北方皇家园林的特色。水木明瑟，又好似东晋末年谢混仆射的山水诗。谢混，字叔源，小字益寿，谢安之孙、谢灵运之族叔，曾为尚书左仆射，善诗文，以《游西池》中的名句"景昃鸣禽集，水木湛清华"享誉古今。水木清华则是苏州园林的本色。狮子林北区亭台兼有南北特色。

见
山
楼

　　见山楼为两层楼阁式建筑，卷棚歇山顶，东南两侧紧贴湖石假山，西面临水，长方形，楼下向北开门，有廊与花篮厅相通，东由假山蹬道登楼。曲廊，先南北再折向东西，状态灵动，打破了建筑群排列上的呆板。

　　见山楼下是由山石筑成的假山群，取东晋陶渊明《饮酒》诗中"采菊东篱下，悠然见南山"句意，悠闲自在地观赏苍山，含有很浓的哲理味儿。

　　见山楼西侧水池中，一苇渡江峰兀立池中，取的是达摩祖师的宗教故事。传说达摩从西天到中原，过长江时，百姓试其法力隐匿渡船，达摩随手拈一芦苇站于其上顺利过江而得名。儒家认为"一苇"并不是一根芦苇，而是一大束芦苇。取《诗经·河广》"谁谓河广，一苇杭之"之意，唐人孔颖达解释说：一苇者，谓一束也，可以浮之水上面渡，若桴筏然，非一根也。这样的解释是比较科学的。

见山楼

荷花厅

　　池北主厅为花篮厅，面阔三间，面水而筑，结构别致，外廊为一枝香轩，内前为三界回顶鹤胫轩，中为五界回顶，后为三界回顶船篷轩，梁架均为扁作贡式，梁上及大梁底雕刻精细。当中的步柱不落地，代以垂莲柱，柱端垂有用黄杨木雕刻而成的梅、兰、竹、菊四只花篮，花篮柱镂空，十分精美。梁上刻有大篇幅的山水人物画，梁上插角为如意式。

　　悬"水墨风来"匾额，厅南一池，夏日荷花凌波，清香飘溢，"水殿风来暗香满"，真个是"襟袭取芳"。放眼北望，峰石叠嶂，倒映入池，随波摇曳，美不胜收。对联"尘世阅沧桑，问昔年翠辇经过，石不能言，叠嶂奇峰还似旧；清谈祇风月，于此地碧筒醑饮，花应解语，凌波出水共争研"，发思古之幽情，回忆当年清乾隆皇帝游狮子林之事，沧桑经年，往事如水，如今峰峦叠嶂依旧，真是"向之所欣，俯仰之间，已为陈迹"，颇有今昔之感。这里，"翠辇"，指以翠鸟羽毛作车盖的皇帝用车，此借指乾隆当年游园之事。刘沧《经炀帝行宫》："此地曾经翠辇过，浮云流水竟如何？"盛夏之时用荷叶制成的酒器称作碧筒杯。此厅临池，眺望池南，假山成岭，连绵不断；水边露岩，凹凸自然。夏日，池中荷花遍布，翠盖红裳，清香宜人。在此欢饮赏荷，雅情逸兴，又有花石助趣，其乐无穷。

　　厅中间设屏门四扇，南刻松寿图，反面刻有王同愈撰汉代仲长统《乐志论》；刻于花篮厅屏风北，楠木木刻，王同愈书汉代仲长统《乐志论》：

荷花厅

→ 使居有良田广宅，背山临流，沟池环匝，竹木周布，场
圃筑前，果园树后。舟车足以代步涉之艰，使令足以息
四体之役。养亲有兼珍之膳，妻孥无苦身之劳。良朋萃
止，则陈酒肴以娱之；嘉时吉日，则烹羔豚以奉之。蹰
躇畦苑，游戏平林。濯清水，追凉风。钓游鲤，弋高鸿。
讽于舞雩之下，咏归高堂之上。安神闺房，思老氏之玄
虚；呼吸精和，求至人之仿佛。与达者数子，论道讲书，
俯仰二仪，错综人物。弹南风之雅操，发清商之妙曲。
逍遥一世之上，晫睨天地之间。不受当时之责，永保性
命之期。如是，则可以陵霄汉出宇宙之外矣！

癸酉冬日栩缘王同愈时年七十有九。

两侧各两扇楠木槅扇、一飞罩。楠木槅扇北面裙板上，依次
刻有丹凤朝阳、孔雀灵芝、锦鸡菊花、仙鹤青松图案；夹堂刻书

斋、佛堂等场所的什锦案头摆设共十二式；芯仔周边饰有透雕图案，四角有四只蝙蝠，象征福；四边有葡萄松鼠相连，寓意多子丰收；槅扇裙板上，从东到西依次刻有渔、樵、耕、读图案："渔樵耕读"分别指捕鱼的渔夫、砍柴的樵夫、耕田的农夫和读书的书生，四业中以"渔"为首。渔樵耕读是以农立国的中国基本的经济生产形态和生活内容，一向为人们所尊崇。

渔夫以东汉严子陵为历史原型，严子陵一生不愿为官，多次拒绝曾经是同学的汉光武帝刘秀的邀请，隐居于浙江桐庐，垂钓终老。

渔

　　砍柴的樵夫以汉武帝时的朱买臣为历史原型。汉班固《汉书》记载朱买臣出身贫寒，常常为了生活上山砍柴。朱买臣酷爱读书，砍柴途中总是大声朗诵，其妻制止他，他却依然故我。妻子止之不听。

樵

耕田的农夫以舜耕历山为原型。舜曾被父母逐出家门，在历山垦荒。相传舜耕时有象为之耕，有鸟为之耘。

耕

读书的书生以战国时人苏秦刺股埋头苦读为基本原型。苏秦在齐国受业于鬼谷先生。他第一次入秦游说，未被重用。后发奋研读，以致"头悬梁，锥刺股"。再次出游时，苏秦获得了成功，任六国之相，成为战国时期著名纵横家。

夹堂上依次是桃花飞燕（春）、芙蓉翠鸟（秋）、梅花水仙喜鹊（冬）、荷花鸳鸯（夏）四季花鸟图。

读

厅南十四扇落地长窗，刻有唐诗各一首，厅北六扇长窗均刻有山水人物故事。

厅前平台与水假山相对；平台前有池水一带横流其间，止于西岸；北有窄窄水道，直通藏于花篮厅天井下的水码头；南有小涧蜿蜒而去，有水流深远不尽之感。假山倒影水中，景色迷离。

古五松园

　　从荷花厅经曲廊到古五松园，既隔出区划，又空灵渗透，似隔还连，形成了空间上的相互交融和疏密对比，富有高低、曲直的变化。古五松园呈东西向，且东西各有小院，东院开敞，立石峰，植古柏、蜡梅，东南有曲折空廊与周围建筑相通；西院封闭，筑花台，植石榴、蜡梅等，南有复廊。庭院内散列石峰，旧有五棵森梢峻节的古松而名，狮子林也曾名"五松园"。

古五松园东院

111

　　室内悬一幅吴敔（yǎng）木五松图，松树岁寒不凋，凌风劲节，给人以高洁坚毅之感，故世人常以松自喻，寓托抒怀，园额亦可作如是观。秦始皇登泰山，避雨松树下，因封为五大夫松。后人误以为是五株松树，故称五松。

　　五松园内月洞门宕砖额"得其环中"，即圆环之中心。出《庄子·齐物论》："彼是莫得其偶，谓之道枢。枢始得其环中，以应无穷。"意思是彼与是不互相对立，就叫"道枢"，即道的枢要，

古五松园

得其环中

就是围绕"道"这个中心而循环往复，无穷无尽。唐司空图用"得其环中"来借喻灵空超脱的境界。

古五松园前廊洞门砖刻"兰芬""桂馥"，兰桂芳香，香味久远，用来表示园主德泽长留，喻指其品格高洁，后亦多用以称人后嗣之昌盛。

五松园的芭蕉落地罩为苏州一绝。芭蕉叶是中国古代文人十四件宝之一。唐书法家怀素（725—785），家贫，无纸可书，常于故里种芭蕉万余，以供其挥洒。遂有"蕉书"之韵事。竹可镌诗，蕉可作字，皆文士近身之简牍。清李渔说蕉叶乃"天授名笺"，"蕉叶题诗"，乃一大韵事。唐"诗佛"、大画家王维曾画《袁安卧雪图》，图中有"雪里芭蕉"，一幅，佛理寄寓在画中，有禅家超远洒落之趣。描绘的是"山中高士晶莹雪"的佛国清凉境界。芭蕉蕉叶阔大，可以听雨、题诗，"雪里芭蕉"亦成为禅家佛理的寄寓。苏州园林以芭蕉为落地罩，亦一大韵事！

古五松园后廊书条石（石鼓文字）"听雨楼藏帖""乾隆御碑"等七十一方。

"听雨楼藏帖"为历代名帖之一，共四卷：卷一是褚遂良、颜真卿和蔡襄；卷二是苏轼、苏辙；卷三是黄庭坚；卷四是米芾、赵孟頫。均属于"二王"体系，婉丽清媚，富有逸气。为清乾隆时云南周于礼撰集，金陵穆文、宛陵刘宏智镌刻。摩勒精到不逊于明代。汇刻集帖始于宋时，明代以来苏州此风尤盛。清嘉庆年间，收藏家周立厓将所藏唐、宋、元书法家真迹，钩模刻石，名"听雨楼法帖"。当时，听雨楼法帖与《千墨庵》《寒碧庄》诸帖同为艺林之宝。清代道光年间，苏州顾南雅先生购得"听雨楼法帖"但无拓本。同治庚申（1860）后，原拓本稀缺。园主贝仁元访知原石为沈宝兼所有，就以重金购得，将诸石嵌置游廊间，颇为珍贵。贝仁元建听雨楼于指柏轩之上，将拓本藏于其中。

芭蕉落地罩

听雨楼书条石

114

真趣亭

出古五松园芭蕉落地罩的南门宕，便见到真趣亭东的一座湖石小山，与南面水假山隔水呼应；山中藏有曲径，可通水上曲桥，直达湖心亭及西岸，亦为一大雅趣。

假山北廊东墙上，刻有倪云林长卷"狮子林图"，有乾隆"云林清闷"四个大字作为引首，上题清乾隆御诗六首，各式玺印六十余方。那是乾隆四年（1739年）秋，乾隆帝看到了内府旧藏的一卷倪瓒《狮子林图》，便视为珍宝，将其列入神品，并欣然为其写下了《倪瓒狮子林图》的诗作。

真趣亭东小假山

来到金碧辉煌的真趣亭。此亭形体较大，结构特殊：歇山卷棚顶，三面设置吴王靠，有坐槛围合，吴王靠短柱柱头有六只木雕小狮子。亭内前二柱为花篮吊柱，各有一只倒挂镏金木雕小狮子，均口衔金如意，西侧的口边立有一幼狮，东侧的口中叼有绣球。后用纱隔成内廊。

　　亭内天花装饰性强，扁作大梁上为菱角轩和船篷轩，装饰精美，雕梁画栋，彩绘鎏金，亭顶饰有镏金状元帽牡丹花样，插角为立体镏金凤凰。梁下垂花篮四只，柱头为四方倒悬镏金官帽花样。挂落和飞罩为镏金凤穿牡丹图案。

真趣亭

菱角、船篷轩

悬挂金底绿字乾隆御笔"真趣"匾，是清高宗弘历1765年所题，取宋王禹偁《北楼感事》诗"忘机得真趣，怀古生远思"，谓忘却计较或巧诈之心，自由恬淡与世无争，陶然忘机，就能悟得山林之真趣。《吴门百咏·狮子林》诗云："御题'真趣'状元家，两度宸游驻翠华；狮石千年仍突兀，五松无处觅槎枒。"说的就是此事。

真趣亭匾额

亭中挂吴荫培集自唐司空图《诗品》和化用陶潜《归去来兮辞》联："浩劫空踪，畸人独远；园居日涉，来者可追。"

屏门裙板芯仔上从东到西依次刻有六幅吉祥图：和睦延年、富贵双全、节节高升、喜上眉梢、锦上添花、鸳鸯嬉水。

大多运用汉字的谐音取吉原理，如"喜上眉梢"，喜鹊和梅花组合，"梅"与"眉"谐音，即喜上眉梢。喜鹊，其声清亮，旧时民间传说鹊能报喜，故称喜鹊。《淮南子》高诱注："乾雀，雀也，人将有客来，忧喜之征则鸣。"喜鹊又是义鸟，曾搭雀桥让牛郎织女越过天河相会。古人以喜鹊为"喜"的象征，《开元天宝遗事》："时人之家，闻喜鹊皆以为喜兆，故谓喜鹊报喜。"《禽经》："灵鹊兆喜。"

喜上眉梢　　　　　　　　　　　　　　　　　　　节节高升

"节节高升"，喜鹊加上竹子、天竺，竹与"祝"谐音，有祝福节节高升之意；

鸳鸯戏荷，鸳鸯是一种小型野鸭，素以"世界上最美丽的水禽"著称于世。鸳鸯往往是"止则相耦，飞则成双"，故又称之为匹鸟。古人最早把鸳鸯比作兄弟，有"昔为鸳和鸯，今为参与商"等诗句，为兄弟之间的赠别诗。后来用以象征情侣和忠贞不贰的爱情。

屏门裙板下面六幅从东到西依次刻有：三羊开泰、马上封侯、威震山河、太师少师、欢天喜地、万象更新。

"羊"与"祥"古音、字都通,《易经》:"变化云为吉事有羊。"古人认为吉祥瑞兽;又幼羊吮吸母奶必跪膝,以报母恩,所以人称羊为孝兽。以松树、三只羊和太阳组成"三阳开泰":"松",四季常青,象徵长寿;三羊喻"三阳"。《周易》以正月为泰卦,泰卦,乾上坤下,天地交而万物通。三阳生于下,三阳,卦爻之初九、九二、九三,阳气盛极而阴衰微也,开泰即启开的意思。"二阳交泰,日新惟良",天地和合生育万物,上下和合。"三阳开泰",喻祛尽邪侫,吉祥好运接踵而来。

一马站在树旁,猴子牵着马,"猴"与"侯"谐音和隐喻等手法,寓"马上封侯(挂印)"之意。

三阳开泰

马上封侯

虎，哺乳动物，是体形最大的猫科动物；毛黄褐色，有黑色横纹。性凶猛，力大。《易·乾》："云从龙，风从虎。"应劭《风俗通·祀典·桃梗苇茭画虎》："虎者阳物，百兽之长也，能执搏挫锐，噬食鬼魅。"民间称"虎吃五毒"，为辟邪之物；"虎"音近"福"，民间视为"福"。虎是勇敢与力量的象征，人们称威武勇猛的战士为"虎士"，其将领称"虎将"。号称百兽之王的虎，喻勇猛向前，虎虎有生气。猛虎一吼，威震山河。

"狮"与"师"谐音，大狮子和小狮子喻"太师、少师"，暗含世居高位之意。周立太师、太傅、太保，合称"三公"，这是朝廷中的最高官阶。春秋时楚国始置少师，历代沿用，与少傅、少保合称"三少"，是王子的年轻侍卫。

威震山河

太师少师

欢天喜地

獾，哺乳动物，又称猪獾。头尖、吻长，体毛灰色。"獾"与"欢"谐音。两獾相遇，两獾嬉戏打闹，有欢欢喜喜、高兴非常的寓意。

万象更新

象，哺乳动物，体高约三米，鼻长筒形能蜷曲，门齿发达，体大力壮，性情温顺，行为端正。象寿命可达二百余年，被人看作瑞兽，为吉祥长寿象征。传说古代圣王舜曾驯象犁地耕田；又相传象为摇光之星散开而生成，能兆灵瑞，只有在人君自养有节时，灵象才出现。大象知恩必报，与人一样有羞耻感，常负重远行，被称为"兽中有德者"。"象"与"祥"谐音，寓连年吉祥如意象字又兼有景象的涵义，喻和平美好的太平景象，形容河清海晏、民康物阜。

求"寿"的主题，裙板上用麻姑献寿和东方朔偷桃的故事也非常有趣，可谓化大俗为大雅。

麻姑是中国传说中有名的女寿仙，仅次于西王母的地位。据晋葛洪《神仙传》载，麻姑为王方平之妹。王方平东汉桓帝时东海人，当过官，精通天文历法，以后弃官入山修道，成了仙人。麻姑年龄十八九，顶上作髻，其余之发垂至腰际，衣裳绚丽，光彩夺目，容貌极美，手指似鸟，自称已三睹沧海桑田。她能穿着木屐在水面上行走，还能掷米成丹砂。相传三月三日西王母寿诞举办蟠桃会，麻姑特在绛珠河畔用灵芝酿酒献给西王母，称"麻姑献寿"。麻姑肩荷盛着蟠桃的花篮，篮中盛着仙酒、花卉，有仙鹤随她去赴宴祝寿。图中麻姑肩抗蟠桃，腾云赴宴祝寿，仙鹤伴行。

麻姑献寿

东方朔为西汉武帝时文人，怀文武之才。因为他机智诙谐，极调侃之能事，故民间传说中将东方朔逐渐仙化，成为谪仙。传说汉武帝生日，西王母前来祝寿，让东方朔献上一只玉盘，内藏仙桃七枚。可是为了长寿，东方朔却自己暗暗留下两枚，只把其中五枚献给了汉武帝。如此这般，东方朔也被奉为寿仙。

明朝苏州唐寅，字伯虎，曾画《东方朔偷桃图》，并题诗一首："王母东邻劣小儿，偷桃三度到瑶池。群仙无处追踪迹，却自持来荐寿卮。"东方朔手捧仙桃，面有笑容，后面有一仙手持羽毛扇看着这一切；童子肩背大仙桃，东方朔茂髯披胸，广袍长袖，快步前行。本图为一小童肩抗装有仙桃的口袋，东方朔持杖前行，表达了人们祈盼健康长寿的良好愿望。

东方朔偷桃

下面四幅是琴棋书画"四艺"雕刻。

真趣亭为园中主要观景点，东品百狮山，南赏假山群，西观山林瀑布，俯瞰画亭曲桥，犹如一幅徐徐展开的山水画卷，充满诗情画意。

琴

棋

书

画

石舫

真趣亭西泊有石舫。苏州园林中的船舫建筑类型比较丰富，有写实型的、介于似与不似之间的和写意式等几类，以介于似于不似之间为上乘，此舫仿北京颐和园清晏舫而建，基本是真的舟船造型：舫身四面皆在水中，船首有小石板桥与池岸相通，犹如跳板。船头向东，船头为平台，水泥地坪，主体为钢筋混凝土结构，门窗、挂落、装修为木制。中舱、后舱均为两层，有楼梯相通，楼下彩色水磨石地面，前舱内檐装饰两槅扇、一飞罩。前舱、中舱间有一屏门，两侧飞罩、隔断，屏门上镶嵌透明玻璃。中舱内檐有两槅扇、三飞罩，正中镶嵌长方形镜子一块，长 100 厘米，宽 55 厘米。后舱有木楼梯。中舱顶上为水泥平台，后舱两层为水

石舫

泥圆弧顶。石舫四周有 86 面镶嵌彩色玻璃的和合窗。细部花饰已带有一些西洋风味。

石舫制作精巧，但造型过于逼真，且所处水湾狭小，比例失衡，也常遭诟病。但石舫与暗香疏影楼高低错落，有效减缓了高楼对水面的压迫感，增加赏景层次。"柳絮池塘春暖；藕花风露霄凉"，石舫也不失为一个很好的观景点。

据说园主贝氏家有厨师善烹船菜，舫内是宾主享用船菜的好所在，展示了民国时期富商生活的一个侧面。

观瀑亭

观瀑亭就是湖心亭，筑于池塘中，有宛转九曲桥与园西土山相连，宛如水中一条彩带上的明珠。亭平面为六角形，攒尖顶，嫩戗（qiàng）发戗。亭正对着西部假山上的瀑布，正是观看西部土山瀑布的最佳位置。

观瀑亭

在此观赏，能体味到李白："遥看瀑布挂前川"的诗意。观瀑，颇为古人所喜爱。他们赋予瀑布以各种美丽的形象：元杨维桢《庐山瀑布谣》："我疑天仙识素练，素练脱轴垂青天"，比之为天仙织成的白色丝绸；明汤显祖《石门泉》比之为"悬飞白鹤"，形象高洁优美；清高凤翰《石梁飞瀑》则云"悬溜曾看走玉虹，香炉峰下驾天风"，比之为一条白虹一样从天上悬挂下来，像驾着天风从香炉峰上倾泻下来，景象奇妙壮丽又磅礴雄伟，题额确可诱人遐想。湖心亭最宜春夏赏景。有对联："晓风柳岸春先到；夏日荷花午不知。"杨柳满岸，晓风轻拂，春来了；夏日，荷花映日、色香醉人，微风吹拂，此时此景你也许难以知道，真是妙不可言。

暗香疏影楼

　　暗香疏影楼位于花园西北，两层楼房，由主楼和附楼组成，中间以楼梯间相连。面对西南的问梅阁，推窗即见梅花，取宋林逋咏梅绝唱《山园小梅》诗之一中"疏影横斜水清浅，暗香浮动月黄昏"诗意。梅花稀疏的枝影横斜地倒映在清浅的水面上，清幽的香气在朦胧的月色里轻轻地浮漾。一个"暗"字表现了梅花那种醉人心目的风韵美；一个"疏"字，则写尽了梅花独特的外表美。

　　住宅楼位于暗香疏影楼北，与暗香疏影楼主楼南北相对，东西相连，中间围成三个大小不等的天井，有廊环接。硬山顶，纹头脊。楼上内部装饰与主楼相仿。

暗香疏影楼

西部假山区

水池西岸土石相间的假山，为贝氏新增，石包土，轮廓以太湖石勾勒。"土山分高低三层，山脚与山道两侧缀以太湖石，可防止雨水冲刷。远望时使人感觉其风格与大假山——岛山遥遥相应。地势北高南低，北端有一个山洞，可由洞内上山或下山，中部有人造瀑布。南部石少土多，坡上植树栽竹，在此颇有'平冈小坡，陵阜陂陁，缀之以石，似处大山之麓，截溪断谷，私此数石为吾有也'之感。"（见《狮子林》张橙华著）山上梅花扶疏，竹林摇曳，更有数百年古银杏一株，极富山野趣味。假山在布局、设计、堆叠上继承了苏州园林传统的风格，特别是明清时期的苏州园林风格。

山上亭阁馆沿西墙的回廊相连接，从暗香疏影楼下山洞上蹬道盘旋而上，即到飞瀑亭。

西部假山

飞瀑亭

亭处园西部假山最高处，亭中有四块屏风，正面银杏木刻上刻有吴县汪远霬（zhù）撰书的《飞瀑亭记》，记中说："西面新筑一亭，颜曰：'飞瀑'，旁有瀑布，其声昼夜不息，游斯亭者，如登海舶而听怒涛。今主人又题一榜曰：如闻涛声，噫其殆有深意存乎其间欤，主人久阁海上，与海外人士衔杯酒接殷勤，不亢不卑，情意欵洽。主人偶临斯亭，闻声不忘航海景象，亦安不忘危之意尔，或曰主人将抚此名胜而娱晚景则浅乎言之矣。"

因园主人久客海上，建此亭，听到昼夜不停的瀑布声音，如闻涛声，寓闻声不忘航海景象和居安思危之意。在创造的园林山水音乐中寓之以德，通过听涛获得一种精神上的愉悦和满足，这正是中国古典园林造园设景的传统主题。

飞瀑亭

四块屏风下面饰有"杏林春燕""荷净纳凉""东篱佳色""山家清供"雕刻图案，象征四季安泰。

杏林春燕，因古代天子宴飨及第进士时，正值杏花开放的二月，此时双燕齐舞，燕亦谐"宴"音。登高及第、富贵吉祥。而古人以燕喻春，这种被称为玄鸟的灵物，代表着祥瑞，寓意欣欣向荣。燕飞落杏梢的祥和春意之景，不仅被赋予了美好寓意，也顺应了自然之时的美。

唐杜甫有"落日放船好，轻风生浪迟。竹深留客处，荷净纳凉时。"诗，竹林翠绿浓密，池水清净，荷花飘香，这样的地方，正是留客纳凉的好地方。

杏林春燕　　　　　　　　　　　　　　　　荷净纳凉

东篱佳色，陶渊明"采菊东篱下，悠然见南山"，成为千古名句，东篱，也就成为菊花的代称。

山家清供，宋林洪曾撰《山家清供》一书，收录了以山野所产的蔬菜（豆、菌、笋、野菜等）、水果（梨、橙、栗、杏、李等）、动物（鸡、鸭、羊、鱼、虾、蟹等）为主要原料的食品，成为中华生活经典。画中也有喜鹊登梅花枝，喜上眉梢，同时透露了冬景。

东篱佳色

山家清供

亭南即有人造瀑布，在瀑布顶端高墙背后用钢筋混凝土建造了一个高约 1.5 米，长约 2 米，宽约 1 米的水箱，从山涧顶端至湖面落差约 9.1 米，山涧平均宽度仅 3 米。山涧叠石运用了勾、挂、嵌等堆叠手法，构成五个梯级。用人工将水箱水加满，打开水箱下端的塞子，水流经湖石五叠飞泻而下，经小石桥流入水池，波影茫茫，水声淘淘，奏响了苏州古典园林中唯一的人工"园林音乐"，艺术地再现了自然界五叠泉的壮观景象，为全园景色增添了动感和新意，是他园所无的一处水景。

为了获得"枞金戛玉，水乐琅然"的艺术享受，中国古典园林中十分注重因地借声来丰富园景，不借丝竹管弦之声，而从水中引出音乐，用清幽的自然声响包容静悟的人生哲理，从而创造最清高的山水之音。这里不同的是园主用人工制造瀑布。

人工瀑布

问梅阁

沿西廊往南到问梅阁，是园西景物中心，阁实为一层，重檐，面阔三间，登阁可俯视园内景色。阁内桌凳、地雕皆刻成梅花形，窗户为四花瓣的彩色玻璃（据称原为梅花纹，因技术原因未果），阁前种梅多株。南北两端有走廊相连。

问梅阁外景

"问梅"中的"梅"融二意：一为实指，阁前原有古梅名"卧龙"，惟则有诗曰："林下禅关尽日开，放人来看'卧龙'梅。山童莫厌门庭闹，不是爱闲人不来。"意取唐王维《杂诗》："君自故乡来，应知故乡事；昨日绮窗前，寒梅着花未"诗意。原诗写女子对业已失去的少女生活的怀念与惆怅。末两句一吟一咏，一句反问，有悠扬不尽的情致，恬淡、超然，有一种特妙的理趣，"铁干虬枝绣古苔，群芳谱里百花魁"，梅花玉洁冰清，傲骨峥嵘，象征着一种气节和精神。"问梅"一词，写出了对梅花的挚爱关切之情，流露出脱俗清逸的闲适情趣。

二系指代大梅法常禅师。禅宗公案马祖问梅、赞"梅子熟了"这则故事：《五灯会元》卷三载，马祖道一禅师的弟子法常，初参马祖道一时，听到马祖说"即心即佛"，当即大悟，于是便到大梅山去作主持，后称大梅法常禅师。马祖听说大梅法常住山后，想了解他领悟的程度，便派一名弟子去问大梅法常，曰："你住此山，究竟于马祖大师处领悟到什么？"法常说："马祖大师教我即心即佛。"那弟子说："马祖大师近日来佛法有变，又说'非心非佛'。"法常说："这老汉经常迷惑人，不知要到何日。他说他的'非心非佛'，我只管'即心即佛'。"法常从明心见性、我即是佛的禅悟中，由自心自性这一核心出发，已经获得了自我的精神觉醒，领悟到人生的宇宙的永恒真理，已经把握住了自己的生命本性，自足、宁静，能打破偶像与观念的束缚，不受外在世界人事、物境的牵累。所以当那弟子回寺院告诉马祖道一时，马祖道一禅师赞许地对众弟子说："大众，梅子熟了！"即谓大梅法常对"非心非佛"和"即心即佛"不二之理已经了悟。

问梅阁横额"绮窗春讯"，意思是镂花的窗户外春梅初放，传来了春的讯息。呼应王维诗意。阁内雕刻成梅花形的窗纹、器具、地面以及取材于梅花的屏上书画，游人仿佛置身于梅花丛中，似乎也感受到了百花似锦的春的气息。

问梅阁内景

问梅阁屏风西银杏木刻《重修狮子林记》。走廊上有十四孔花窗，其中七孔为预制的琉璃花窗，大多为绿色或蓝色，当时是清末民初苏州城里的时髦建筑构件。

飞瀑亭、问梅阁长廊下设有暗道，南出口接花圃，北接西部住宅楼前廊，东折通往暗香疏影楼下假山洞，原为储藏室及躲避战乱之处。

琉璃花窗

双香仙馆

西廊南有一敞亭"双香仙馆"，北邻问梅阁，东遥对荷池，"香"象征着一种崇高永生的精神，梅莲双香确能给人以心灵的熏染和净化，从而获得崇高纯洁的美的享受。

双香仙馆下为山洞，可通西部。

双香仙馆

南部长廊

扇亭

　　自双香仙馆循廊南行东折到西南长廊，转弯处嵌一扇亭，亭形如一把打开的折扇，其中的窗框、石桌都为扇形，亭后辟一小院，形成对景。扇亭造型源自"折扇"，折扇，最初来自日本、琉球和朝鲜的贡物，发明自日本故称"倭扇"。据文献记载和专家考证，北宋时传入中国。北宋郭若虚《图画见闻志》卷六《高丽国》言"高丽国使人每至中国或用折叠扇为私规物……上画本国豪贵杂以妇人、鞍马或临水为金沙滩暨莲荷、花木、水禽之类点缀精巧。又以银为月色之状，极可爱，谓之倭扇本出于倭国也。近秘惜典客者盖希得之。"折扇是日本人模仿蝙蝠翅膀的开阖而发明的，所以也叫"蝙蝠扇"，"蝙蝠"在中国文化中是福的象征，扇子，又是德善仁美的象征。

　　扇亭外檐有挂落、坐槛，上设木制鹅项靠，下置铁制鹅项靠。此亭是因地制宜、顺地势而筑的佳例，既破解了两条长廊相接成直角的僵硬形态；又巧妙地利用苏州地区夏季多西南风的特点，为夜间纳凉提供了绝佳的处所。

　　亭位置较高，从扇亭向北眺望，小岛水假山、紫藤、小桥、湖心亭、石舫尽收眼底，近端远处层次分明，恰似一幅山水长卷。

　　扇亭东为长廊，沿园南墙而筑，东行高低起伏，廊前沿池叠石成岸，石径盘绕，缓解了平直高峻的南墙造成的呆板，也是对山水园高低错落的假山群的呼应。廊壁有书条石。

　　长廊东西各筑一廊亭：中国文化尚东，东为君父之位，西为臣妇之位，故东设乾隆御碑亭，西筑文天祥诗碑亭。

扇亭

南廊下叠山

文天祥诗碑亭

从廊西往东，为文天祥诗碑亭，亭额"正气凛然"。是对文天祥民族气节的高度颂扬。文天祥，字宋瑞，号文山，吉水人，官至南宋右相，封信国公。南宋德祐二（1276）年，文天祥受命赴蒙古兵营谈判，被扣留。后伺机在镇江逃归。从海路到温州居留一月，后去福建坚持抗战。祥兴二年（1279年）战败被俘，英勇就义。

文天祥诗碑亭

碑上刻有文天祥狂草手迹《梅花诗》一首："静虚群动息，身雅一心清；春色凭谁记，梅花插座瓶。"是文天祥身陷囹圄时，寄梅咏怀，体现了洁身自守的节操。天祥书作清疏挺竦，俊秀开张，笔笔有法，十分精妙，使人心目爽然，凡见者，"怀其忠义而更爱之"（清吴其贞《书画记》）。

御
碑
亭

　　迤俪东行至"凝晖"亭，即乾隆御诗碑亭。"凝晖"，盖以之比拟为朝阳之光凝聚于此，寓颂圣之意。

　　这是乾隆初游狮子林时所作。

　　乾隆十二年春（1757）第二次南巡时，得知黄氏涉园即为狮子林，便携带倪瓒（款）《狮子林图》欣然驾临狮子林，并打开《狮子林图》照着观赏。时隔几百年，几经兴废，物是人非，乾隆皇帝不禁感慨道："故址虽存，已屡易为黄氏涉园，今尚能指为狮子林者，独赖有此图耳。翰墨精灵，灵泉借以不朽，地以传人，正此谓耶。"乾隆帝即兴题此五言诗，诗曰：

　　早知狮子林，传自倪高士。疑其藏幽谷，而宛居阛市。
　　肯构惜无人，久属他氏矣。手迹藏石渠，不亡赖有此。
　　讵可失目前，大吏称未饰。未饰乃本然，益当寻屐齿。
　　假山似真山，仙凡异尺咫。松桂千岁藤，池贮五湖水。
　　山亭真一笠，矮屋肩可倚。缅五百年前，良朋此萃止。
　　浇花供佛钵，瀹茗谈元髓。未拟泉石寿，泉石已半毁。
　　西望寒泉山，赵氏遗旧址。亭台乃一新，高下焕朱紫。
　　何幸何不幸，谁为剖其旨。似觉凡夫云，惭愧云林子。

　　（清《郭嵩焘日记》第1卷，湖南人民出版社）

　　诗中"早知狮子林，传自倪高士"。乾隆帝得知狮子林之名，全缘于倪瓒的《狮子林图》，并一直把狮子林误认为是倪瓒别业，更不知道园址在什么地方。

诗中乾隆怀着欣喜的心情，描述了在狮子林的所见所感。认为"假山似真山，仙凡异尺咫"，狮子林由太湖石堆叠而成的假山，虽然不是真山，却能将真山的意味凝聚其中，甚至超过真山之美。还有"松挂千年藤，池贮五湖水。小亭真一笠，矮屋肩可掎"，感觉纯属本然。

乾隆四十九年南巡时，看到了徐贲《画狮林十二景》"后有姚广孝跋，称徐贲为如海作，益可为证"，册中并有陆深跋，"元僧惟则好聚奇石，类狻猊，故取佛语名庵。或云惟则得法于本中峰，本时住天目之狮子岩，盖以识授受之原也"，方才知道："如海为元僧惟则第三辈弟子，狮林实创自惟则后人，率以狮林属之倪迂，盖误矣！"并认为"徐贲画册列景分绘为十二帧，倪瓒则系通景长卷，皆为僧如海作清供者"。乾隆皇帝终于搞清楚苏州狮子林原来并不是倪瓒的私家园林，而是为元代高僧天如禅师所建。徐贲所绘十二景是园景的分绘，倪云林画的是狮子林的全景图。

御诗碑东廊上有几孔花窗和一贝叶洞门，十分耐人寻味。

有一孔为莲花花窗，很精美。莲花为佛教教花，"花开见佛性"。佛教把人生比作苦海，希望人们能够解脱出来，到达净土，这就需要人们要心中有善、多行善事，从而走上修行和顿悟成佛的道路，就好比莲花一样，

御诗碑

出淤泥而不染，舍掉心中的贪、嗔、痴。从而得到心中的那份宁静和祥和，从而了生死、得解脱。莲花是智慧的一种境界，佛教认为圣人是莲花的化身，有着无比殊胜的功德，是法身和报身的象征。释迦牟尼佛结跏趺坐在莲花台上，阿弥陀佛手持莲台接引众生，大慈大悲的观世音菩萨也是端坐在莲花台上，或者手持莲花。佛教的袈裟叫莲花衣，而佛座称为"莲台"、佛国称为"莲花国"、佛教寺庙称为"莲刹"……

贝叶洞门及洞门内的竹子，都与佛教息息相关，和莲花花窗一样，渲染了浓浓的佛教艺术氛围。

莲花花窗

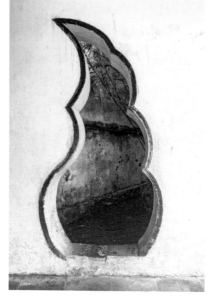

贝叶洞门

　　南区水假山东起"小赤壁"西端，即御碑亭西侧矮墙至扇亭东墙，叠石成岸，山道曲折回环，假山多象形峰石，有十二生肖之说，但尚能形似的有兔、猪、猴、马等几处，亦有人生轮回之说。文天祥碑亭下的假山洞壑，峰石有青龙、白虎、玄武、朱雀的称谓。

南部假山

小赤壁

　　从文天祥碑亭下磴道，进入三个连接的洞壑，其中两个是涉水假山洞。过一桥，沿池岸边折返到扇亭下。

　　东端假山色黄而偏红，号称"小赤壁"。小赤壁犹如一道天然的山壁，矗立于山涧深潭边，山体下有一拱形的涵洞。整座假山浑然一体，神妙夺天工。

　　刘敦桢先生评介道："叠黄石为拱桥，模仿天然石壁溶洞形状，比较接近自然，并用以划分狭长带状水面，是此园叠石较成功的一处"（刘敦桢《苏州古典园林》第63页）。

　　当代园林名家童寯《江南园林志》认为北魏张伦造景阳山，有若自然。其中重岩复岑，嵌嵜相属，深豀洞壑，逦委连接。……崎岖石路，似壅而通，峥嵘涧道，盘纡复直。宛然今日吴中狮子林。狮子林假山盘环曲折，登降不遑，丘壑宛转，迷似廻文，迄今为大规模假山之仅存者，具有很高历史价值。

　　长廊北水池中横架一座石拱小桥，名"接驾"，池水由此南去，再向东至黄石假山"小赤壁"。接驾桥北有平地，植紫藤一架，百年老藤与西部土山上的古银杏遥遥相对，成为全园春秋两季植物风景亮点，富有特色。

尾声

折东为两条暖廊，朝西暖廊连开五个六角龟背形洞窗。漫步于暖廊之中，窗外之景如跳动的画面，极具节奏感地映入眼帘。曲廊半亭，水涧石岸，藤蔓纷披，茂林修竹，移步换景，步移景异。下图为暖廊龟背窗景：

进入靠东侧的暖廊，从一孔孔圆洞窗中就能看到立雪堂小庭园。

龟背洞窗景

暖廊

立雪堂小庭院

暖廊尽处折东至立雪堂小庭院。那里有几组造型比较逼真的湖石，很吸引眼球：

狮子滚绣球，象征喜庆。

狮子滚绣球

三足金蟾。

吕洞宾弟子刘海功力高深，喜欢周游四海，降魔伏妖，布施造福人世。一日，他降服了长年危害百姓的金蟾妖精，在过程中金蟾受伤断了一脚，所以日后只剩三脚。自此金蟾臣服于刘海门下，为求将功赎罪，金蟾使出绝活咬进金银财宝，助刘海造福世人，帮助穷人，发散钱财。人们奇之，称其为招财蟾，是旺财之物。

传说这只本来在活财神刘海身边的三脚金蟾，乘刘海不注意的时候逃了出来，躲在了贝家园林的一口井里，刘海便用金钱串成钓杆把它钓了上来。从此，金蟾的真身回到了刘海的身边，而肉身却留在了贝家，贝家以此为荣，认为它象征了荣华富贵，从此三脚金蟾成了贝家的族标。

"牛吃蟹"，牛以草料为食，让它吃长有硬壳的蟹，当然很吃力。在吴方言中是勉为其难地从事某件事的意思，据说是园主贝氏自谦。

小庭园铺地图案为柿蒂纹，以古钱为蒂，意为事事如意。

三足金蟾

牛吃蟹

立雪堂坐东朝西，卷棚歇山顶，山尖饰灵芝仙鹤泥塑。这里原是寺里和尚传法之所，因取禅宗二祖慧可"立雪求道"的故事。

宋僧道原编《景德传灯录》卷三："十二月九日夜，天大雨雪。慧可坚立不动，迟明，积雪过膝。师（指达摩）悯而问曰：'汝久立雪中，当求何事？'慧可悲泪曰：'惟愿和尚慈悲，开甘露门，广度群品。'"禅宗二祖慧可初次参见中国佛教禅宗创始人菩提达摩人，夜间适逢雨雪交加。但他求师心切，不为所动，恭候不懈。至天明，积雪已没及膝盖。菩提达摩见其求道诚笃，终于收他为弟子，授予《楞枷经》四卷。又传慧可自断手臂，终于感动了达摩，于是上前问他："你究竟想求什么？"答："弟子心未安，请大师为我安心。"曰："请把你的心带来，我就能为你安心。"慧可陷入沉思，良久曰："我虽尽力寻思，但这心实在是难以捉摸。"达摩见其已开悟，便点醒说："我已为你安心了！"

慧可（487—593），俗姓姬，名光，虎牢（又作武牢，今河南成皋县西北）人。自幼志气不凡，博闻强记，广涉儒书，尤精《诗》《易》。后来接触了佛典，深感"孔老之教，礼术风规，庄易之书，未尽妙理"，于是便栖心佛理，超然物外、怡然自得，并产生了出家的念头。父母见其志向不可改移，便听许了他的选择。于是，慧可来到洛阳龙门香山永穆寺出家为僧，师从宝静禅师学佛，取法名神光。唐方干《赠江南僧》有"继后传衣钵，还须立雪中"诗句，就是用的这一典故。

　　无独有偶，《宋史·杨时传》和《朱子语录》中也载有杨时、游酢"程门立雪"恭谨受教的故事，成为尊师重道的千古美谈。

　　堂中置落地圆光罩，图案制作工艺称"一根藤"。悬唐寅集元胡天游《绝句》诗联："苍松翠竹真佳客；明月清风是故人。"款署"乙丑春日重书明代唐解元旧联京兆邓云乡"，唐解元即明代的唐寅（1470—1523），字伯虎，又字子畏，晚年号六如居士，苏州人。二十九岁中应天府（今南京）乡试第一名解元，旋于会试时以牵涉科场舞弊案而被革黜。善画山水，与沈周、文徵明、仇英合称"明四家"，兼善书法，能诗文，自称"江南第一风流才子"。

　　与苍松翠竹为侣，明月清风为友，以表示自己潇洒清高，孤芳自赏，不同流俗，体现了封建士大夫的审美情趣。

立雪堂

　　狮子林亦寺亦园，凡圣交参，临济宗的清规、儒道的人生法则互渗；皇家园林般的金碧重彩、苏州文人园的水木清华兼融；建筑风格杂糅，几百年的历史在这里物化，游此园犹如翻阅中华历史图册！